V. Keller

Personzentrierte Beratung & Therapie; Band 8

 Herausgegeben von der Gesellschaft für wissenschaftliche Gesprächspsychotherapie e. V., Köln

Carl R. Rogers

Eine Theorie der Psychotherapie, der Persönlichkeit und der zwischenmenschlichen Beziehungen

Mit einem Vorwort von Jürgen Kriz

Ernst Reinhardt Verlag München Basel

Carl R. Rogers (1902–1987), amerikanischer Pädagoge, Psychologe und Psychotherapeut, begründete den Personzentrierten Ansatz in der Psychotherapie, auch bekannt als nicht-direktive Gesprächspsychotherapie.

Original Title: »A Theory of Therapy, Personality, and Interpersonal Relationships, as Developed in the Client-centered Framework.«
© 1959 by Carl R. Rogers

Aus dem Englischen von Gerd Höhner und Rolf Brüseke,
bearbeitet von der Gesellschaft für wissenschaftliche Gesprächspsychotherapie e. V., Köln

Bibliografische Information der Deutschen Nationalbibliothek

Die Deutsche Nationalbibliothek verzeichnet diese Publikation in der Deutschen Nationalbibliografie; detaillierte bibliografische Daten sind im Internet über <http://dnb.d-nb.de> abrufbar.
ISBN 978-3-497-01990-8
ISSN 1860-5486
1. Auflage

© 2009 by Ernst Reinhardt, GmbH & Co KG, Verlag, München

Dieses Werk, einschließlich aller seiner Teile, ist urheberrechtlich geschützt. Jede Verwertung außerhalb der engen Grenzen des Urheberrechtsgesetzes ist ohne schriftliche Zustimmung der Ernst Reinhardt GmbH & Co KG, München, unzulässig und strafbar. Das gilt insbesondere für Vervielfältigungen, Übersetzungen in andere Sprachen, Mikroverfilmungen und für die Einspeicherung und Verarbeitung in elektronischen Systemen.

Printed in Germany
Reihenkonzeption Umschlag: Oliver Linke, Augsburg
Satz: Fotosatz Reinhard Amann, Aichstetten
Druck und Bindung: CPI – Ebner & Spiegel, Ulm

Ernst Reinhardt Verlag, Kemnatenstr. 46, D-80639 München
Net: www.reinhardt-verlag.de   E-Mail: info@reinhardt-verlag.de

Inhalt

Vorwort *von Jürgen Kriz* 7

Vorbemerkungen der Übersetzer 10

Einführung 14
Die Grundlagen der Theorie 14
Grundsätzliches 17

Die allgemeine Struktur unseres systematischen Denkens 22
Definition der Konstrukte 24
Ein Exkurs zur Fallgeschichte eines Konstruktes 32

I. Theorie der Therapie und der Persönlichkeitsveränderung 46
Bedingungen des therapeutischen Prozesses 46
Der Therapieprozess 50
Ergebnisse im Bereich der Persönlichkeit und des Verhaltens 52
Erläuterungen zur Theorie der Therapie 54
Spezifizierungen der funktionalen Beziehungen 54
Einige Schlussfolgerungen, die sich auf die Natur des Menschen beziehen 55

II. Persönlichkeitstheorie 56
Postulate über das Wesen des Kindes 56
Die Entwicklung des Selbst 57
Das Bedürfnis nach positivem Bezug 58
Die Entwicklung des Bedürfnisses nach Selbstbeachtung 59
Die Entwicklung von Bewertungsbedingungen 59
Die Entwicklung der Inkongruenz zwischen Selbst und Erfahrungen 61
Die Entwicklung von widersprüchlichem Verhalten 62
Die Erfahrung von Bedrohung und der Prozess der Abwehr 62
Der Prozess des Zusammenbruchs und der Desorganisation 64
Der Prozess der Reintegration 66
Spezifizierung funktionaler Beziehungen in der Theorie der Persönlichkeit 67

III. Theorie der voll entwickelten Persönlichkeit 70

IV. Theorie der zwischenmenschlichen Beziehung 72

V. Anwendungstheorien ... 78
Familienleben ... 79
Erziehung und Lernen ... 79
Gruppenleitung ... 80
Gruppenspannung und Konflikt ... 80

Das theoretische System im Kontext der Forschung ... 83
Die Grundlage für den Anreiz zur Forschung ... 85
Das Problem der Messung und Quantifizierung ... 86
Widersprüchliche Ergebnisse ... 87
Ein fortlaufendes Programm für Theorie und Forschung ... 88
Derzeitige Entwicklungsstrategien ... 90

Schluss ... 92

Literatur ... 93

Vorwort

Es ist nun fast ein halbes Jahrhundert her, dass diese Arbeit von Carl. R. Rogers im Auftrag der American Psychological Association verfasst wurde. Selbst das Erscheinen der deutschen Übersetzung liegt schon über dreißig Jahre zurück. Daher lässt die Neuauflage einer so „alten" Schrift den Verdacht aufkommen, es handle sich um etwas, das eher für das Interesse von Historikern geeignet wäre, oder – weit schlimmer noch – dass hier mit einer Art „Heiliger Schrift" Rogers in eine Guru-ähnliche Position gehoben und seine Worte als unhinterfragbare Wahrheiten präsentiert werden sollen, die zwar re-zitiert, aber nicht kritisch hinterfragt, diskutiert und weiterentwickelt werden dürften.

Wer allerdings auch nur irgendetwas von Rogers gelesen hat, der weiß, dass diesem kaum an einer „Reinhaltung der Lehre" gelegen war, sondern an einer kritischen Diskussion, Überprüfung, ggf. Verwerfung und Weiterentwicklung seiner Konzeption anhand theoretischer Neuentwicklungen und vor allem aufgrund empirisch gewonnener Daten. Allerdings insistierte Rogers auch darauf, dass die Psychotherapie erkenntnistheoretisch nicht pseudo-objektiv hinter die Erkenntnis der modernen Naturwissenschaften zurückfallen dürfe. Und dass daher diese „Daten" nicht als vom Himmel gefallene oder der Materie perspektivlos anhaftende Gegebenheiten verstanden werden können, sondern stets als spezifische Antworten auf ebenso spezifische Fragen von Forschern und anderen Menschen. Hatte doch einige Jahre zuvor (1955) der bekannte Physiker Werner Heisenberg den Erkenntnisstand der Naturwissenschaften bereits wie folgt charakterisiert: „Wenn von einem Naturbild der exakten Naturwissenschaften in unserer Zeit gesprochen werden kann, so handelt es sich eigentlich nicht mehr um ein Bild der Natur, sondern um ein Bild unserer Beziehung zur Natur."

Eine vom Menschen abstrahierte Erkenntnisposition würde somit die Fortschritte moderner Naturwissenschaften ignorieren und versuchen, den überkommenen Objektivitäts-Mythos des 19. Jahrhunderts aufrechtzuerhalten bzw. zu restaurieren. Daher müssen sich auch Psychologie und Psychotherapie fragen lassen: Welches Bild unserer Beziehung zu unserem Gegenstand – dem Menschen, seinem Leiden und den Veränderungsmöglichkeiten – wollen wir eigentlich unseren Theorien zugrunde legen?

Zu dieser Frage hat Rogers mit dem vorliegenden Text eine dezidierte und differenzierte Antwort gegeben. Sie steht – nochmals betont – der Kritik und Veränderung offen. Allerdings, das sei genau so betont, bedarf es dazu einer intellektuell redlichen Auseinandersetzung. Und an dieser mangelt es ganz offensichtlich. Denn was als „Rogers' Ansatz" in zunehmend vielen Lehrbüchern vorgestellt wird, kann bestenfalls als eine verstümmelte und verzerrte Reduktion bezeichnet werden – der dann auch leicht jede Wissenschaftlichkeit abgesprochen werden kann.

Allerdings sollte man sich nicht allein über die gezielt böswilligen Entstellungen dieses therapeutischen Ansatzes durch jene Funktionäre empören, welche die Kassenzulassung und die Psychotherapeutenausbildung in der Bundesrepublik Deutschland weiter monopolisieren wollen. Und auch über Lehrbuchautoren, welche Rogers' Ansatz zu „Basisvariablen" verstümmeln, weil sie ihrem Intellekt das Lesen einer so differenzierten und schwierigen Theorie nicht zumuten mögen und sich stattdessen lieber aus der Vorurteilskiste bedienen, sollten wir nicht zu einseitig klagen. Vielmehr haben zwei Strömungen im Personzentrierten Ansatz selbst mit dazu beigetragen, die Grundlagen zu verwässern:

Der eine schädliche Einfluss ging von der „flower-power"-Bewegung der 60er- und 70er-Jahre aus. Dieser sprach eine humanistische Psychotherapie zwar zu Recht aus dem Herzen – doch wurden zu Unrecht gleichzeitig Kopf und Verstand allzu sehr ausgeblendet und somit der Personzentrierte Ansatz zu einer „seid-nett-zu-einander"-Ideologie verzerrt (wenn wohl auch eher von Menschen, die oberflächlich informiert weltanschauliche Diskussionspartys veranstalteten, als von konkret arbeitenden Psychotherapeuten). Der andere schädliche Einfluss kam durch die – vermutlich notwendige – Anpassungsleistung des Personzentrierten Ansatzes an eine nach vordergründig messbaren Effekten orientierten akademischen Psychologie. So entstand beispielsweise in Deutschland nicht nur dem Namen nach eine „Gesprächspsychotherapie". Die erkenntnistheoretische Gründlichkeit und Herausforderung von Rogers' Ansatz wurden dabei leider kaum aufgenommen, sondern im Eifer der Erstellung von signifikanten Kreuztabellen empirisch erhobener Variablen mit bisweilen fragwürdiger Relevanz blieb die theoretische Kraft und Differenziertheit des Verfahrens auf der Strecke. Was nicht ins empiristische Weltverständnis passte – wie die Aktualisierungstendenz – wurde zunehmend ausgeblendet, bald nicht mehr als Essential des Ansatzes verstanden und entsprechend selbst entwertet. Es gehört zu meinen persönlich deprimierendsten Erfahrungen, dass mir in den 80er-Jahren ein führender Vertreter der Gesprächspsychotherapie in Deutschland, der Enormes für die Etablierung dieser Methode an den Universitäten geleistet hatte, brieflich mitteilte, „mit einem so unwissenschaftlichem Konzept wie der Aktualisierungstendenz" könne er nichts anfangen. Man beachte, dass einige Jahre zuvor in der Chemie für solch ein „unwissenschaftliches" Konzept der Selbstorganisation erstmals der Nobelpreis verliehen wurde (was Rogers selbst noch wahrnahm und explizit als weitere Untermauerung seiner Theorie verwendete). Die theoretische Unbedarftheit mancher Darstellungen der „Gesprächspsychotherapie" auf dem vermeintlich sicheren Boden einer von Anachronismen längst überwucherten akademischen Psychologie, die den Anschluss an die modernen interdisziplinären Diskurse weitgehend verschlafen hatte, verwässerte Rogers' Konzeption jedenfalls erheblich.

Rogers' Theorie, das macht der vorliegende Text deutlich, ist leider nicht einfach. Vier Theorie-Teile sind hier komplex miteinander verflochten, welche den Organismus, die Persönlichkeit, die zwischenmenschliche Beziehung und die therapeutische Entwicklung als Teilaspekte einer umfassenden Dynamik behandeln. Noch schwieriger als die Komplexität ist allerdings die grundlegend systemtheoretische Konzeption nachvollziehbar – in einer Welt, deren Alltags-Anschauungen durch ein mechanistisches Weltbild und entsprechende Prinzipien geprägt sind. Auch dort, wo weitaus komplizierte und nicht-lineare Zusammenhänge der technisch-materiell aufbereiteten Welt zugrunde liegen, sind diese meist über einfache Schalter, Hebel und Knöpfe bedien- und regelbar. Sie gaukeln so eine Allgemeingültigkeit einfacher, linearer Ursache-Wirkungs-Zusammenhänge vor, welche die moderne interdisziplinäre Wissenschaft längst als unzutreffend erkannt hat. Dies ist aber Kassenfunktionären, Medienvertretern und Politikern nicht einfach klar zu machen – ebenso wenig wie auch jenen akademischen Handwerkern, die ihre Erfahrung aus einer solchen Technik-Welt unreflektiert auf den Umgang mit anderen Menschen generalisieren.

Man kann niemanden zum Denken zwingen – auch nicht zum Lesen von Grundlagen, über die man sich dann in Lehrbüchern meint, äußern zu können. Wir sollten uns daher nichts vormachen: Der vorliegende Text ist ungleich aufwändiger zu erarbeiten als das Zitieren vereinfachender bis verstümmelnder Darstellungen. Der Unfug, Rogers' Ansatz auf „Basiskompetenzen" zu reduzieren, wird daher auch weiterhin in manchen Lehrbücher der „Psychotherapie" zu finden sein.

Gleichwohl sollte allen, die sich wirklich über Rogers' Ansatz und seine theoretischen Grundlagen informieren wollen, die Gelegenheit gegeben werden, dies auch tun zu können. Es ist zu hoffen, dass bald eine Gegenbewegung von Studierenden einsetzen wird, welche die zunehmende geistige Versteppung der Psychotherapie in unserem Lande nicht mehr erträglich finden und genau jene Fragen stellen und Anliegen vortragen werden, welche auch Carl Rogers vor über sechzig Jahren bewegten.

Es ist daher notwendig und weitsichtig, diesen Text bereitzuhalten. Wer sich wirklich fundiert mit Rogers' Ansatz auseinandersetzen will, kommt um diese Arbeit nicht herum.

Ich wünsche dieser Neuauflage daher eine große Verbreitung und die Entfachung eines kritischen, wissbegierigen und intellektuell redlichen Diskurses.

Juni 2008   Jürgen Kriz

Literatur:
Heisenberg, W. (1955): Das Naturbild der heutigen Physik. Hamburg: Rowohlt.

Vorbemerkungen der Übersetzer

Im Folgenden liegt erstmals in deutscher Sprache der grundlegende theoretische Artikel von Carl Rogers vor, den er nach Aufforderung der American Psychological Association 1959 verfasste. Carl R. Rogers: A Theory of Therapy, Personality and Interpersonal Relationships, as developed in the Client-Centered Framework. In: Sigmund Koch (Ed.): Psychology: A Study of a Science. Study I. Conceptual and Systematic. Volume 3. Formulations of the Person and the Social Context. New York, Toronto, London 1959.

Rogers war Ende der 50er-Jahre von der American Psychological Association aufgefordert worden, seine Erfahrungen und Erkenntnisse aus fast zwanzig Jahren klientenzentrierter therapeutischer Arbeit zusammenzufassen und dem damaligen (empirisch-positivistischen) wissenschaftstheoretischen Paradigma gemäß darzustellen. (Letzteres lehnte er ab; die Begründung gibt er selbst in der Einleitung seiner Abhandlung.)

Die Schwierigkeiten für uns Übersetzer lagen zum einen darin, dass die seither vergangenen Jahre Neuerungen, Entwicklungen des Personzentrierten Ansatzes gebracht haben, die von Rogers damals sehr vage vorformuliert worden waren, die heute großteils bestätigt sind (in einigen Fällen sich als falsch erwiesen haben; insofern ist der Text – auch aus der heutigen Sicht Rogers – stellenweise veraltet).

Zum anderen hatten wir besondere Probleme mit der Übersetzung von scheinbar feststehenden Begriffen, die eben altbekannt und seit Jahren im deutschsprachigen Raum ständig Anwendung finden. Dennoch: Einige Eindeutschungen Rogers'scher Termini halten wir für einseitig und deshalb sehr zum Nachteil für den deutschen Sprachraum.

Hierzu ein Beispiel (für mehrere): Der zentrale Rogers'sche Begriff des *positive regard* ist uns bestens bekannt als die *positive Wertschätzung*. Der Grundton dieser deutschen Begrifflichkeit hat viel mit zur Einseitigkeit des immer lieben und sanften klientenzentrierten Therapeuten beigetragen und ist insofern für eine erhebliche Einengung des Ansatzes auch im Selbstverständnis der Therapeuten verantwortlich. Der Rogers'sche Terminus beinhaltet diese Einengung jedoch überhaupt nicht: Kann man den *positive regard* an einigen Stellen mit *positiver Wertschätzung* übersetzen, dann steht in anderen Zusammenhängen besser eine *auf den anderen gerichtete uneingeschränkte Aufmerksamkeit*, die eben nicht permanentes Wohlwollen bzw. „Gernhaben" meint. Mit diesem so unscheinbaren Terminus kennzeichnet Rogers die alles entscheidende therapeutische Grundvariable, die Haltung oder Einstellung des Therapeuten, ohne deren Verwirklichung therapeutische Methoden, Techniken und sonstige Vorgehensweisen leer, leblos und damit wirkungslos bleiben. Die Übersetzung, wie wir sie kennen, stellt also nur einen begrifflichen Teilaspekt dar. Ähnlich ist es anderen Rogers'schen Formulierungen widerfahren.

Wir haben uns in solchen Fällen dazu entschlossen, neue Übersetzungen zu verwenden (und das Original in Klammern hinzuzufügen); z. B. heißt der *positive regard* in der Mehrzahl der Fälle *positive Beachtun*g, eben im Sinne dieser unvoreingenommenen Aufmerksamkeit. Wir hoffen, auf diese Weise eine sprachliche und begriffliche Ergänzung bzw. Korrektur leisten zu können, die der theoretischen Komplexität des Rogers'schen Ansatzes eher entspricht.

(Anmerkung der Herausgeber: Heute hat der Terminus *Wertschätzung* diese Konnotation nicht mehr. Wir verwenden in der Neubearbeitung des Textes daher weitgehend den Begriff *Wertschätzung*, wie er auch der Definition Rogers' von *positive regard* am ehesten entspricht.)

Die deutschsprachigen Formulierungen sind stellenweise sicher etwas ungehobelt geblieben. Wir haben bewusst auf eine weitere Überarbeitung verzichtet und sind auch dann näher am Original geblieben, wenn sich „elegante" deutsche Formulierungen angeboten hätten. So haben wir uns z. B. entschlossen, die bei Rogers synonym verwendeten Begriffe *consciousness, awareness* nicht mit dem uns geläufigen Begriff *Bewusstsein* zu übersetzen, sondern für *awareness* das Wort *Gewahrwerdung* bzw. *Gewahrsein* zu verwenden. Diese ungewöhnliche Wortwahl scheint uns erforderlich und angemessen, weil hier der *Prozess* des Erkennens, das Voranschreiten des Verstehens bis zum bewussten Erkennen, im Wort festgehalten ist. Es kommt hinzu, dass der Terminus *Bewusstsein* im Deutschen in seinem Gehalt theoretisch eng und festgelegt ist, während er im Amerikanischen weit und ohne Anbindung an die tiefenpsychologischen Theorien verwendet wird. Der Leser und die Leserin haben so, neben der manchmal unangenehmen Spröde der Formulierung, die angenehme Gewissheit, wenig Entstellungen oder Umdeutungen hinnehmen zu müssen. Aber warum diese späte Übersetzung? Was macht diesen Text noch aktuell?

Wir meinen, es ist Rogers' freche, selbstbewusste Offenheit und Neugier, die ihn seine Überzeugungen aus den Erfahrungen und nicht vornehmlich aus den Theorien entnehmen ließ. In einer auch heute noch beispiellosen Vorgehensweise stellt er den Bereich Psychotherapie vom Kopf auf die Füße! Der theoriegeleiteten Denkweise, die in diesem Sinne erfahrungsfeindlich ist, stellt er das Paradigma der erlebensgeleiteten Arbeitsweise in der Therapie und der erfahrungsgeleiteten Denkweise in der Forschung gegenüber. Wenn wir heute in großen Teilen des „Psychomarktes" einen Boom neuer Mythen und Mystifizierungen erleben, wenn wir uns immer neuen Therapien auf immer dünneren theoretischen Beinen und immer größeren praktischen Zaubereien gegenübersehen, dann stellt der Rogers'sche Ansatz auch heute noch eine radikale wissenschaftliche Forderung dar. Rogers hat aus dem lähmenden Mystizismus der Tiefenpsychologien eine entwicklungsfähige, wissenschaftlich überprüfbare Psychologie der Psychotherapie gemacht, indem er radikal die Frage gestellt hat, was wirklich ist, was beobachtbar, erfahrbar ist und was übrig bleibt, wenn axiomatische Setzungen, spekulative theoretische Kombinationen und kunstvolle Interpretationen zur Seite gelegt werden.

Die Entwicklung des Feldes Psychotherapie hat von seinem Denk- und Arbeitsansatz seither praktisch und theoretisch in ungeahntem Ausmaß profitiert. Deutlich dürfte uns dies besonders an der Alltäglichkeit verschiedener zentraler Begriffe und Hypothesen des Rogers'schen Ansatzes werden, die heute oft so selbstverständlich sind, dass wir ihre innovative Kraft und Rogers' Originalität darüber vergessen.

Wir möchten ein Beispiel geben. Einer der zentralen theoretischen Begriffe im Ansatz von Rogers ist der der *Beziehung:* In der Tradition existentialphilosophischer europäischer Systeme (z. B. Martin Buber) und in der Kenntnis der sozialpsychologischen Forschungen und ihrer Ergebnisse machte Rogers die „Zweisamkeit" des Menschen, die Gerichtetheit auf das Du bzw. – moderner formuliert – die Zwischenmenschlichkeit zum Gegenstand von Erkenntnis und Philosophie seiner Theorie. Dieser damals wie heute revolutionäre Schritt führte über das Axiom der Freud'schen Monade, der existentiellen Einsamkeit des Menschen, hinaus und begründete eine völlig andere Herangehensweise an die alltägliche psychotherapeutische Wirklichkeit. Er öffnet uns für erfahrbare, das Individuum transzendierende Phänomene, deren Qualität in eben dieser überindividuellen Gestalt besteht und deren erfahrbare und theoretische Besonderheiten nicht auf je separierbare, individuelle Komponenten reduzierbar sind, sondern sich auf die Zwischenmenschlichkeit als einer Art überindividuellem Organismus beziehen. Rogers konzipierte in mehr als dreißig Jahren eine Theorie der Psychotherapie, der Persönlichkeit und der menschlichen Entwicklung, die uns heute in Sprache und Konzepten der systemischen Ansätze wieder beggnet. Er formulierte so die zwischenmenschliche Dynamik als den eigentlichen Gegenstand der psychotherapeutischen Theorie und Praxis. Er verzichtete folgerichtig, zumindest zu diesem Zeitpunkt, auf die Entwicklung einer individuellen Psychopathologie, die das Gestörtsein des Menschen in das fehlerhafte Funktionieren des Individuums zurückverlegt. Er entwarf auf diese Weise die Grundrisse einer anderen, eben dynamischen Geschichtlichkeit der menschlichen Entwicklung, deren eigentliche Qualität in der aktuellen Veränderbarkeit des Individuums durch die Dynamik der zwischenmenschlichen Interaktion besteht und die so eine Psychologie der Entwicklung der Persönlichkeit ohne den Rekurs auf unbekannte, individuelle, innere Gesetzmäßigkeit des Individuums ermöglicht.

Gerade an diesem letzten Punkt wird die Kraft und Eigenständigkeit der Rogers'schen Herangehensweise besonders deutlich: Ausgehend von relativ wenigen theoretischen Setzungen und Konstruktionen entfalten sich methodologische und Forschungsvorhaben in den Bereichen Psychotherapie, Persönlichkeit, in den Feldern der Kinder-, Paar-, Familien- und Gruppenpsychotherapie in raschem Tempo.

Stagnierte die wissenschaftliche Forschung in diesen Feldern vorher über mehrere Jahrzehnte und fanden theoretische Entwicklungen eigentlich nur in den immer feineren Binnenstrukturierungen der Tiefenpsychologien statt, so kam es jetzt zu den unterschiedlichsten empirischen Untersuchungen in verschiedenen, über den engen Bereich der Psychotherapie hinausgehenden Feldern zwischenmenschlicher Interaktion, die wiederum zu theoretischen Weiterentwicklungen beitrugen.

Wenn wir uns heute in unserem psychotherapeutischen Arbeitsfeld umsehen, entdecken wir, dass genau diese Qualität des Rogers'schen Ansatzes ebenso aktuell wie damals ist. Nach wie vor scheinen uns Phantasie, Mut und Kreativität von Rogers und seinen Mitarbeitern in vielen Bereichen des psychologischen Wissenschaftsbetriebes abzugehen bzw. vielen Gralshütern psychotherapeutischer Schulen geradezu wesensfremd zu sein. Hier besteht für personzentrierte Psychotherapie, Beratung und Forschung ein weites und fruchtbares Entwicklungsfeld, hier haben wir praktisch und theoretisch noch viele Möglichkeiten.

Gerd Höhner, Rolf Brüseke
1987

Einführung

Eigentlich habe ich Druck als Mittel der Persönlichkeits- und Verhaltensänderung von jeher abgelehnt. Bei der vorliegenden Arbeit muss ich jedoch zweifelsfrei die Förderlichkeit eines gewissen Druckes anerkennen. Vor einiger Zeit wurde mir deutlich, dass Bedarf an einer angemessenen und aktuellen Aufarbeitung der Theorien besteht, die sich auf dem Gebiet der personzentrierten Psychotherapie entwickelt haben. Dies wäre wahrscheinlich nur ein Gedanke geblieben, hätte mich nicht die American Psychological Association – in Verbindung mit ihrer Studie „Study of the Status and Development of Psychology in the United States" – gebeten, eine systematische Darstellung dieser Theorien vorzubereiten. Die Zusammenarbeit mit anderen Wissenschaftlern, die bemüht waren, ihre eigenen Theorien zu formulieren, und die eine möglichst gemeinsame Basis suchten, schien mir eine Gelegenheit, die genutzt werden sollte. Es ist der sanfte, jedoch beständige Druck meiner Kolleginnen und Kollegen gewesen, der mich veranlasst hat, die folgenden Seiten zu diesem frühen Zeitpunkt zu verfassen. Für diesen Druck bin ich dankbar.

Die Grundlagen der Theorie. Keine Theorie kann ohne Kenntnis ihrer kulturellen und persönlichen Grundlage richtig verstanden werden. Folglich liegt mir die gründliche Darstellung des Hintergrundes zu Beginn dieses Entwurfes am Herzen. Dies bedeutet, dass ich den Leser und die Leserin mit autobiographischem Material konfrontieren muss; denn obwohl die personzentrierte Richtung in jeder Hinsicht zu einer Gemeinschaftsarbeit herangewachsen ist, trage ich als Person beträchtliche Verantwortung für ihre Initiierung und für die anfängliche Formulierung der Theorie. Ich werde daher kurz einige kulturelle Einflüsse und persönliche Erfahrungen erwähnen, die möglicherweise Relevanz für die Theorie selbst haben könnten. Eine Bewertung dieser Einflüsse werde ich aus nahe liegenden Gründen nicht vornehmen.

Ich bin in einer großen Familie aufgewachsen; harte Arbeit und ein sehr konservativer (fast fundamentalistischer) Protestantismus wurden gleichermaßen geschätzt. Im Alter von zwölf Jahren zog ich mit meiner Familie auf eine Farm. Hier entwickelte ich großes Interesse an den Agrarwissenschaften. Die umfangreichen wissenschaftlichen Bände über Ackerbau, Nährboden und Viehhaltung, die ich in den folgenden Jahren im Eigenstudium las, begründeten in mir eine tiefe und dauernde Hochachtung vor der wissenschaftlichen Methodik als einem Mittel zur Lösung von Problemen und zur Förderung neuer Erkenntnisse. Diese Achtung wurde bestärkt durch mein erstes Jahr an der Oberschule, an der ich die Fächer Physik und

Biologie besonders mochte. Auch im Fach Geschichte bemerkte ich, welche Befriedigung wissenschaftliche Arbeit geben konnte.

Nachdem ich die Ansichten meiner Familie zur Religion verworfen hatte, wuchs mein Interesse an einer modernen religiösen Richtung. Ich verbrachte zwei wertvolle Jahre am Union Theological Seminary, das zu jener Zeit insbesondere die Freiheit des philosophischen Gedankens zuließ und jeden aufrichtigen Versuch zur Lösung von bedeutsamen Problemen respektierte, sei es, dass dieser zur Kirche hinführte oder von ihr entfernte. Ich wandte mich schließlich von der Kirche ab und begann mein Studium an der Pädagogischen Hochschule der Columbia University. Hier wurde ich mit den Ansichten John Deweys konfrontiert, besonders durch William H. Kilpatrick. Meine erste Einführung in die Klinische Psychologie erhielt ich durch die zugleich menschliche und praktische Methode der Leta Hollingworth. Danach verbrachte ich ein Jahr am Institute for Child Guidance, das sich damals in seiner chaotischen, jedoch dynamischen Anfangsphase befand. Hier lernte ich viel durch die Freud'sche Orientierung eines Großteils der psychiatrischen Mitarbeiter, unter denen sich Davis Levy und Lawson Lowrey befanden. Meine ersten Therapieversuche im Institut unternahm ich hier. Da ich immer noch als Doktorand an der Pädagogischen Hochschule studierte, wurde mir die Widersprüchlichkeit zwischen dem spekulativen Freud'schen Denken im Institut und der höchst statistischen und Thorndikeschen Richtung an der Pädagogischen Hochschule drastisch bewusst.

Es folgten zwölf Jahre an einer heilpädagogischen Beratungsstelle für Kinderfragen in Rochester, New York. Während dieser Zeit war ich von der Forschung weitgehend isoliert. Das Psychologische Institut der University of Rochester war nicht interessiert an unserer Arbeit, die – so die allgemeine Ansicht – das Gebiet der Psychologie nicht betreffe. Unsere Kolleginnen und Kollegen bei den Sozialämtern, Schulen und Gerichten kümmerten sich wenig um psychologische Erkenntnisse. Für sie zählten ausschließlich die Resultate bei der Arbeit mit milieugestörten Personen. Die Mitarbeiter und Mitarbeiterinnen kamen aus den verschiedensten Bereichen, und unsere häufigen, langen Diskussionen über Behandlungsmethoden basierten auf unserer praktischen Erfahrung in der täglichen Arbeit mit Kindern, Jugendlichen und Erwachsenen. Dies war der Beginn meiner Bemühungen, die Ordnung zu entdecken, die in unseren Erfahrungen bei der Arbeit mit Menschen besteht. Der Band mit dem Titel *Clinical Treatment of the Problem Child* war ein Resultat dieses Bestrebens.

Während der zweiten Hälfte dieser Periode gab es einige Personen, die die kontroversen therapeutischen Ansichten Otto Ranks und der von ihm beeinflussten Philadelphia-Gruppe der Sozialarbeiter und Psychiater in unseren Kreis einbrachten. Der persönliche Kontakt mit Otto Rank beschränkte sich auf ein von uns initiiertes dreitägiges Symposium; dennoch hatte sein Denken entscheidenden Einfluss auf uns, und es half mir, einige therapeutische Ansätze, bei denen ich bislang im Dunkeln tappte, zu konkretisieren. Damals entwickelte ich mich zu einem kompetenteren Therapeuten, und ich begann, eine der therapeutischen Erfahrung innewohnende Ordnung zu spüren; eine Ordnung, die dieser Erfahrung innewohnte und ihr nicht auferlegt werden musste (im Gegensatz zu einigen Freud'schen Theorien, die sich weit von ihrem Ursprung entfernt hatten).

Obwohl ich während der Jahre in Rochester zeitweise an der Universität gelehrt hatte, war der Schritt zum Lehrstuhl an der Ohio State University nicht einfach. Mir wurde klar, dass die sich herauskristallisierenden Prinzipien der Therapie, die ich weitgehend aus den eigenen Erfahrungen abgeleitet hatte, den kritischen Promotionsstudenten nicht ohne weiteres einleuchteten. Ich spürte, dass das, was ich im klinischen Bereich dachte und tat, möglicherweise innovativer war, als ich vorher angenommen hatte. Die Abhandlung, die ich dem „Minnesota chapter of Psi Chi" im Dezember 1940 vorlegte (später Kapitel 2 der *Counseling and Psychotherapy*) war der erste bewusste Versuch, eine relativ neue Richtung zu entwickeln. Bis zu diesem Zeitpunkt glaubte ich, dass meine Schriften im Wesentlichen Versuche darstellten, die Prinzipien deutlicher herauszufiltern, nach denen ohnehin „alle Kliniker" arbeiteten. Der neue Einfluss der Ohio State University, der sich auch während meiner Zeit in Chicago bemerkbar machte, kam von wissbegierigen, oft theoretisch orientierten jungen Leuten, die die Bereitschaft mitbrachten, aus der Praxis zu lernen und durch Forschung und theoretische Überlegungen für die Entwicklung eines Wissensgebietes einen Beitrag zu liefern. Durch ihre Fehler und Erfolge in Therapien, ihre wissenschaftlichen Studien, ihre kritischen Beiträge und durch unsere gemeinsamen Anstrengungen sind viele der neueren Entwicklungen entstanden.

An der University of Chicago haben sich während der letzten zehn Jahre folgende Faktoren als besonders vorteilhaft erwiesen:

- die Möglichkeiten zur Forschung sowie ihre Förderung,
- die Einbeziehung von Promotionsstudenten aus den Gebieten Pädagogik, Theologie, Soziologie und Psychologie in übergreifende Tätigkeiten des Beratungszentrums,
- die kreative Denkungsart meiner Institutskollegen, besonders derjenigen, die mit dem Counseling Center in Verbindung standen.

Ein ständiger Einfluss, der vielleicht nicht deutlich genug geworden ist, ist meine fortdauernde klinische Praxis, meine Arbeit mit Menschen, die aus eigener oder aus der Sicht anderer der persönlichen Hilfe bedürfen. Seit 1928, seit also fast dreißig Jahren, habe ich mich durchschnittlich 15 bis 20 Stunden wöchentlich darum bemüht, diese Personen zu verstehen und ihnen therapeutische Hilfe zu geben. Sie stellen für mich den wesentlichen Anreiz meiner psychologischen Überlegungen dar. Aus dieser Arbeit, aus meiner Beziehung zu diesen Menschen, habe ich beinahe all das Wissen bezogen, das ich über die Bedeutung von Therapie, die Dynamik der interpersonellen Beziehungen und die Struktur und Funktion der Persönlichkeit besitze.

Grundsätzliches. Aus diesem kulturellen und persönlichen Hintergrund sind gewisse grundsätzliche Überzeugungen und Einstellungen erwachsen, die zweifelsohne die hier vorgelegten theoretischen Formulierungen beeinflusst haben. Ich werde versuchen, einige der mir relevant erscheinenden Ansichten darzulegen:

1. Forschung und Theorie sind m. E. gerichtet auf eine der Erfahrung innewohnenden Ordnung. Daher ist Forschung weder etwas Esoterisches noch eine Tätigkeit, der man des beruflichen Erfolges wegen nachgeht. Es ist das beständige, disziplinierte Bemühen darum, eine Ordnung der subjektiven Erfahrungen zu entdecken. Dies führt dazu, die Welt als geordnet zu erkennen, und ermöglicht so die Einsicht in die Ordnung der Beziehungen, wie sie in der Natur besteht. Die Einordnung eines Erfahrungssegments in eine Theorie führt unmittelbar zu neuen Perspektiven für Forschung und Theorie und führt ständig weiter. Somit besteht der wesentliche Antrieb für Forschung und systematisches Theoretisieren auf dem Gebiet der Psychotherapie darin, dass es weitgehend unbefriedigend ist, die in den therapeutischen Sitzungen gewonnenen Erfahrungen als eine Anhäufung mehr oder weniger isolierter Ereignisse zu belassen. Man spürt, dass eine Ordnung in diesen Ereignissen besteht. Welcher Art könnte sie sein? Jede Vermutung hinsichtlich der inneren Ordnung verlangt die Frage: Ist dies wirklich wahr, oder bin ich einer Täuschung erlegen?
   Langsam entsteht so Tatsachenmaterial und zur Erklärung dieser Tatsachen ergeben sich systematische Konstrukte, deren wesentliche Funktion darin besteht, ein mir innewohnendes Bedürfnis nach Ordnung zu befriedigen. (Ich habe einige Male aus anderen als den hier genannten Gründen Forschung betrieben: um anderen zu genügen, um Gegner und Skeptiker zu überzeugen und um Prestige zu gewinnen. Diese Verfehlungen haben jedoch meine oben beschriebene Überzeugung nur vertieft.)
2. Ich bin davon überzeugt, dass die Art des Verstehens, die wir als wissenschaftlich bezeichnen, auf jeder Stufe der Differenziertheit beginnen kann. Nicht die Anhäufung von technischen Geräten im Labor, sondern scharfsinnige Beobachtungen, Sorgfalt und Kreativität sind der Beginn der Wissenschaft. Die Beobachtung, dass eine bestimmte Getreideart auf steinigem Hochland besser wächst als im fruchtbaren Tiefland, und das Durchdenken dieser Beobachtung sind der Beginn von Wissenschaft. Ein ähnlicher Ausgangspunkt ist die Beobachtung,

dass die meisten Seeleute Skorbut bekamen, außer denen, die während ihrer Aufenthalte auf Inseln frisches Obst zu sich nahmen. Die Erkenntnis, dass mit der sich ändernden Selbstbetrachtung einer Person ihr Verhalten sich gleichermaßen wandelt und der Versuch, dieses Phänomen zu verstehen, ist wiederum der Beginn von Theorie und Wissenschaft. Ich formuliere diese Überzeugung im Gegensatz zu der in der amerikanischen Psychologie weit verbreiteten Einstellung, dass Wissenschaft erst im Labor oder am Computer anfängt.

3. Eng damit verbunden ist meine Überzeugung, dass es eine natürliche Entwicklung von Wissenschaft gibt – dass Wissenschaft, auf jedem beliebigen Gebiet, einen strukturierten Weg des Wachstums und der Entwicklung durchläuft. Es ist m. E. durchaus normal, dass auf jedem neuen wissenschaftlichen Gebiet die Beobachtungen wenig detailliert, die Hypothesen spekulativ und fehlerhaft und die Messungen ungenau sind. Dies ist ebenso „wahre Wissenschaft" wie der Gebrauch der subtilsten Hypothesen und Messungen in einem fortgeschrittenen Forschungsgebiet. Die wesentliche Frage in beiden Fällen ist nicht der Grad der Vollkommenheit, sondern die eingeschlagene Richtung. Zielt die Entwicklung auf exaktere Messungen, auf genauere Theorien und schärfere Hypothesen, auf Erkenntnisse, die größere Validität und Generalisierbarkeit besitzen, handelt es sich um eine gesunde und wachsende Wissenschaft. Wenn nicht, ist sie trotz aller exakten Methodik eine sterile Pseudowissenschaft. Wissenschaft ist nur dann von Bedeutung, wenn sie sich als Forschung im *Entwicklungsprozess* befindet.

4. Mit der Einladung zur Teilnahme an der APA-Studie wurde ich gebeten, unser theoretisches Denken möglichst in der Terminologie der „independent-intervening-dependent variable" zu formulieren. Ich bedauere, dass ich diese Terminologie als unangemessen ablehnen muss; eine Rechtfertigung fällt mir schwer, sie ist wahrscheinlich irrational, denn die mit dieser Terminologie verbundene Logik scheint unangreifbar.

Doch mir scheinen die Begriffe statisch – sie verleugnen die ruhelosen, dynamischen, suchenden und sich verändernden Aspekte der wissenschaftlichen Entwicklung. Sie suggerieren, dass eine solchermaßen benannte Variable dauernde Gültigkeit besitzt, was sicherlich nicht der Fall ist. Die Terminologie erinnert eher an Labortests, in denen schon neue Experimente völlig kontrolliert verlaufen, als an eine Wissenschaft, die bemüht ist, die dem Phänomen Erfahrung innewohnende Ordnung abzuringen.

Diese Begrifflichkeit scheint eher geeignet für fortgeschrittene Stadien der wissenschaftlichen Arbeit. Missverstehen Sie mich bitte nicht. Ich bin mir durchaus im Klaren darüber, dass nach der Faktenfindung jedes theoretische Konstrukt zur Verknüpfung der entdeckten Fakten in die Sprache der unabhängigen und abhängigen Variablen übersetzt

sein sollte. Die Theorie wäre ansonsten unbrauchbar. Aber diese Begriffe scheinen mir für die Autopsie besser geeignet als für die lebende Physiologie der wissenschaftlichen Arbeit auf einem neuen Gebiet.
5. Aus den bisherigen Ausführungen wird deutlich, dass das von mir bevorzugte wissenschaftliche Modell nicht dem hochentwickelten Stadium der theoretischen Physik entnommen ist. Auf einem Gebiet wie der Psychotherapie oder der Persönlichkeitsforschung scheint mir ein Modell, das den frühen Phasen der physikalischen Wissenschaft nahe kommt, weitaus geeigneter.

Ich denke beispielsweise an die Entdeckung der Radioaktivität durch die Curies. Sie hatten eine Pechblende, die sie für verschiedene Dinge benutzten, in einem Raum gelassen, in dem fotografische Platten gelagert wurden. Sie entdeckten, dass die Platten verdorben waren. Mit anderen Worten, ihre erste Beobachtung war die eines dynamischen Ereignisses. Dieses Ereignis hätte mannigfaltige Gründe haben können. Fehler in der Herstellung der Platten, Feuchtigkeit, Temperatur und viele weitere Gründe wären denkbar. Doch scharfe Beobachtung und kritisches Denken lenkten die Aufmerksamkeit auf die Pechblende, und eine vorsichtige Hypothese wurde formuliert. Erste Experimente schienen die Hypothese zu bestätigen. Nur langsam entdeckte man, dass es *nicht* die Pechblende selbst war, sondern ein fremdes Element *in* dieser, was für den beobachtenden Effekt verantwortlich sein musste. Inzwischen musste eine Theorie entwickelt werden, um dieses fremde Phänomen mit anderem Wissen in Beziehung zu setzen. Und obwohl die Theorie in ihrer einfachsten Form nur die Einwirkung von Radium auf fotografische Platten behandelte, bezog sie sich im weitesten Sinne auf die Natur der Dinge und die Gestalt des Universums.

Gemessen am heutigen Standard der Physik ist dies ein Beispiel eines primitiven Stadiums der Untersuchung und Theorieformulierung. Aber in den für mich interessanten Gebieten kann ich nur hoffen, dass wir solch ein Stadium erreichen. Ich bin sicher, dass wir noch nicht darüber hinaus sind.
6. Eine weitere tief verwurzelte Überzeugung bezieht sich auf das Theoretisieren selbst. Ich bin der Überzeugung, dass es nur eine Aussage gibt, die für alle Theorien gültig ist. Von der Phlogiston-Theorie bis zur Relativitäts-Theorie, von meiner Theorie hin zu derjenigen, die sie hoffentlich in einem Jahrzehnt ersetzen wird, gilt, dass zum Zeitpunkt ihrer Formulierung jede Theorie eine unbekannte – vielleicht an diesem Punkt eine jenseits der menschlichen Erkenntnis liegende – Anzahl von Irrtümern und Fehlschlüssen enthält. Der Grad der Fehlerhaftigkeit kann, wie in der Phlogiston-Theorie, sehr hoch sein, oder er kann sehr gering sein, wie dies m. E. bei der Relativitäts-Theorie der Fall ist. Betrachten wir die Wahrheitsfindung jedoch nicht als abgeschlossen, dann wird es immer neue Erkenntnisse geben, die den besten Theorien

widersprechen. Diese Einstellung ist für mich von höchster Bedeutung, denn jene geistlosen Menschen, die jede beliebige Theorie sofort zum Dogma erheben, ärgern mich außerordentlich. Wenn Theorie als das verstanden würde, was sie ist – ein fehlerhafter, sich immer im Wandel befindender Versuch zur Konstruktion eines feinmaschigen Netzes, das zuverlässige Fakten beinhaltet – könnte sie als Anreiz für weiteres kreatives Denken dienen.

Ich bin sicher, dass mich meine Trauer über die Geschichte der Freud'schen Theorie zur Formulierung dieser Gedanken veranlasst hat. Freud selbst war sich immer bewusst, dass auch seine höchst kreativen Theorien niemals mehr als Theorien darstellten. Er überarbeitete und änderte seine Theorien ständig, indem er alten Begriffen neue Bedeutungen gab – immer jedoch maß er den beobachteten Fakten mehr Gewicht zu als seinen Theorien. Aber in den Händen unsicherer Anhänger, so scheint mir, entwickelte sich sein feinmaschiges Gebilde zu einem eisernen Dogma, aus dem sich die dynamische Psychologie erst seit kurzer Zeit zu befreien beginnt. Ich glaube, dass jede Theoriebildung das gleiche Risiko enthält und man deshalb vorsichtig sein muss, um Entwicklungen zum Dogmatischen hin zu verhindern.

7. Ich teile mit vielen anderen den Glauben, dass Wahrheit eine Einheit darstellt, vielleicht werden wir niemals in der Lage sein, diese Einheit zu erfahren. Somit könnte jede umfassende und exakte Theorie, abgeleitet aus jedem denkbaren Erfahrungsfeld, grenzenlos ausgedehnt werden und auch die entlegensten Erfahrungsbereiche erschließen. Schon Alfred Tennyson, ein Dichter der englischen Romantik, gab diesem Gedanken in seinem Gedicht „Flower in the Crannied Wall" Ausdruck. Ich bin mit ihm der festen Überzeugung, dass uns eine Theorie, die eine einzelne Pflanze in ihrer Vollkommenheit zu beschreiben vermag, Antwort geben könnte auf „die Frage nach Gott und den Menschen".

Die daraus resultierende, ebenso wichtige logische Konsequenz wird allerdings selten ausgesprochen: Ein kleiner Fehler in einer Theorie mag unbedeutend sein für die Erklärung der beobachteten Fakten, aus denen diese Theorie entstand; wird jedoch diese Theorie entworfen, um auch entlegenere Phänomene mit einzubeziehen, dann vergrößert sich der Fehler, und die Schlussfolgerungen aus dieser Theorie wären möglicherweise völlig falsch. Schon der kleinste Irrtum bei der Betrachtung der Blume, von der Tennyson spricht, könnte grobe Verfälschungen im Hinblick auf das Verständnis des Menschen zur Folge haben. Somit sollte jede Theorie auf dem Gebiet, aus dem sie auf der Basis von Fakten erwachsen ist, größte Bedeutung erhalten. Macht sie jedoch Aussagen über Bereiche, die sich von ihrem Ursprung weit entfernen, kann sie nur geringere Bedeutung haben. Dies gilt für unsere Theorien in gleichem Maße.

8. Ich möchte an dieser Stelle noch eine Überzeugung darlegen, die für die adäquate Bewertung aller meiner Theorien von Bedeutung ist: Ich bin von der grundsätzlichen Dominanz des Subjektiven überzeugt. Der Mensch lebt im Wesentlichen in seiner persönlichen und subjektiven Welt, und selbst seine scheinbar höchst objektiven Tätigkeiten in Wissenschaft, Mathematik usw. sind das Ergebnis subjektiver Ansicht und subjektiver Wahl. Meine subjektive Sicht von Forschung und Theorie ist beispielsweise, dass die uns bekannte wissenschaftliche Arbeitsweise – operationalisierte Definitionen, experimentelle Methoden, mathematische Beweisführung – der beste Weg ist, um Selbsttäuschung zu vermeiden. Aber ich kann mich der Tatsache nicht verschließen, dass dies nur scheinbar die richtige Vorgehensweise ist. Hätte ich zwei Jahrhunderte früher oder später gelebt, besäßen für mich andere Wege der Wahrheitsfindung Gültigkeit.

Dies bedeutet für mich, dass, obwohl es so etwas wie objektive Wahrheit zu geben scheint, ich sie doch niemals erfassen kann; ich weiß nur, dass mir einige Aussagen so erscheinen, als erfüllten sie die Bedingungen für objektive Wahrheit. Es gibt also nicht so etwas wie „die wissenschaftliche Erkenntnis"; es gibt nur individuelle Wahrnehmungen von dem, was jedem einzelnen Menschen als eine solche Erkenntnis erscheint.

Ich werde hier auf weitere Ausführungen verzichten, weil es sich um ein komplexes philosophisches Thema handelt, das mit dem Folgenden nicht in unmittelbarem Zusammenhang steht. Den interessierten Leser verweise ich auf eine Arbeit, in der ich meine Überlegungen zu diesem Thema ausführlicher behandele (67). Sie sollen hier nur Erwähnung finden, weil sich mein theoretisches Denken unter anderem daraus entwickelt hat.

Die allgemeine Struktur unseres systematischen Denkens

Bevor ich unsere theoretischen Überlegungen detaillierter ausführe, erscheint es mir hilfreich, einige Querverbindungen zwischen den verschiedenen Teilen unserer theoretischen Formulierungen zu beschreiben.

Der älteste Teil, der sich am deutlichsten auf beobachtbare Fakten bezieht und durch diese gestützt wird, ist die Theorie der Psychotherapie und Persönlichkeitsveränderung, die entwickelt wurde, um unsere therapeutischen Erfahrungen zu ordnen.

Diese Theorie beinhaltet bestimmte Hypothesen über die Natur der Persönlichkeit und die Dynamik des Verhaltens. Einige dieser Hypothesen wurden expliziert, andere blieben implizit. Sie sind zu einer Theorie der Persönlichkeit weiterentwickelt worden. Damit beabsichtigten wir, zu einem versuchsweisen Verständnis des menschlichen Organismus und seiner treibenden Kräfte zu kommen – ein Versuch also, ein Verständnis von den Menschen zu gewinnen, die zu uns in Therapie kommen.

Unsere Theorien über Therapie und Persönlichkeit beinhalten Hypothesen über die Ergebnisse von Therapie: Das sozial konstruktivere und kreativere Individuum. In den letzten Jahren waren wir bemüht, dieses theoretische Endziel von Therapie zu erfassen, nämlich das in einem Höchstmaß kreative, selbstaktualisierte oder auch völlig intakte Individuum.

Weiterhin hat uns unser Wissen über therapeutische Beziehungen dahin geführt, theoretische Aussagen über zwischenmenschliche Beziehungen zu formulieren, wobei die therapeutische Beziehung nur als ein Spezialfall angesehen wird. Dies ist eine neue, sich langsam entwickelnde Richtung, die jedoch meines Erachtens einiges verspricht.

Letztlich kommt man so zu der Annahme, dass unsere Auffassungen von Therapie, wenn sie gültig sind, auch anwendbar sind in all den Bereichen menschlicher Erfahrung und menschlichen Strebens, die (a) zwischenmenschliche Beziehungen und (b) das Ziel oder die Möglichkeit der Entwicklung oder Veränderung von Persönlichkeit und Verhalten beinhalten (siehe Abb. S. 23).

Es besteht daraus folgend ein Cluster teilweise entwickelter Theorien für solche Bereiche wie Familienleben, Erziehung, Gruppenführerschaft und Spannungs- und Konfliktsituationen in Gruppen.

Die Abbildung soll dem Leser helfen, einen Überblick über die Beziehungen der verschiedenen Aspekte unserer Theorie zu gewinnen. Dabei ist zu beachten, dass die Abbildung vom Zentrum aus zu lesen ist und dass die Entwicklungen in die vier angezeigten Richtungen gegangen sind. Wir möchten hier noch einmal daran erinnern, dass die Fehlerhaftigkeit in der

Die allgemeine Struktur unseres systematischen Denkens   23

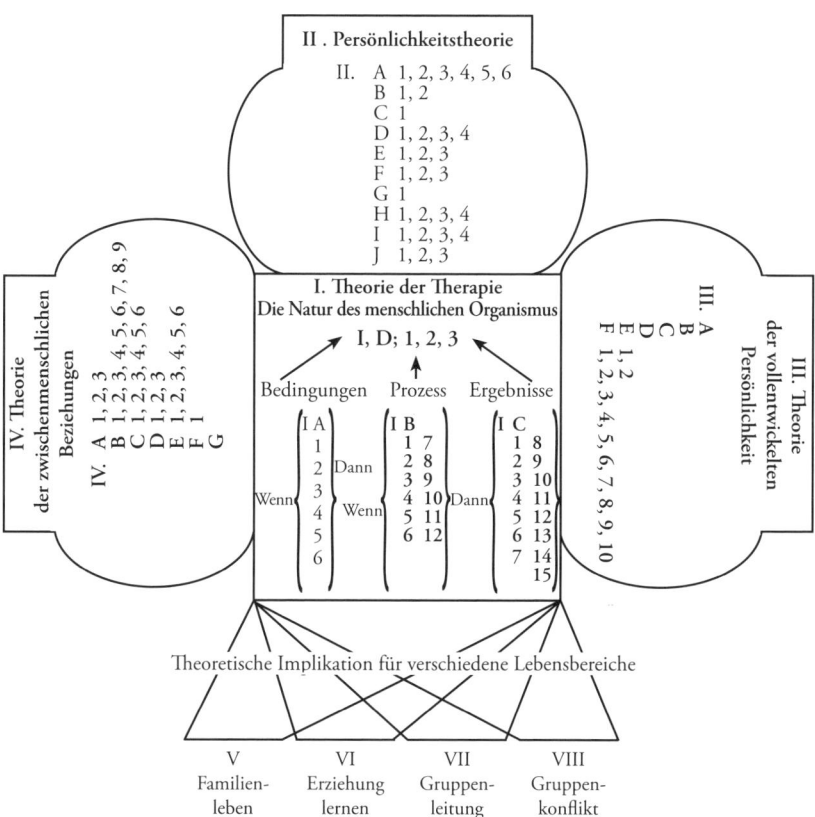

Theorie wahrscheinlich wächst, wenn man sich vom Zentrum entfernt. In diesen periphären Bereichen steht uns weniger Faktenmaterial zur Verfügung. In der Abbildung sind die Ziffern der verschiedenen Theoreme eingetragen, so dass man bei der Lektüre eines bestimmten Teiles der Theorie auf diese zurückgreifen kann, um die organische Beziehung zu anderen Teilen der theoretischen Struktur zu verfolgen.

Bevor ich zu meinen eigentlichen theoretischen Ausführungen komme, möchte ich noch einmal in aller Deutlichkeit betonen, dass es sich hier im Wesentlichen um eine Gemeinschaftsarbeit handelt. Ich habe mich auf Abhandlungen von Victor Raimy, Richard Hogan, Stanley Standal, John Butler und Thomas Gordon bezogen. Viele andere haben direkt oder indirekt einen Beitrag zu meinen Überlegungen geleistet, aber ich möchte besonders den wertvollen Einfluss erwähnen, den Oliver Bown, Desmond Cartwright, Arthur Combs, Eugene Gendlin, A. H. Maslow, Julius Seeman, John Shlien und Donald Snygg auf die Ausgestaltung der Theorie gehabt haben. Dennoch sind diese Personen keineswegs für die folgenden Ausführungen verantwortlich zu machen, denn ihre eigenen Versuche, Erfahrungen in eine Ordnung zu bringen, haben sie oft zu anderen Überlegungen geführt.

Definition der Konstrukte. Bei der Entwicklung unserer Theorien sind verschiedene systematische Konstrukte entstanden, die allmählich schärfere und spezifischere Bedeutung gewonnen haben. Auch allgemein gebräuchliche Begriffe haben mit unseren theoretischen Aussagen Schritt für Schritt eine spezifischere Bedeutung erhalten. Im Folgenden habe ich diese Konstrukte und Begriffe so eng wie möglich zu definieren versucht. Diese Definitionen sollen ein genaueres Verständnis der Theorie ermöglichen.

In diesem Kapitel finden der Leser und die Leserin zunächst eine nummerierte Aufstellung aller definierten Konstrukte, die wir einander in Clustern zuordnen. Insgesamt gibt es elf solcher Cluster, wobei jedes einen zentralen Begriff enthält. Sind diese zentralen Begriffe verstanden, werden die jeweils darauf bezogenen Begriffe keine Schwierigkeiten bereiten, da jedes der Konstrukte innerhalb dieser Gruppe eine enge und bedeutungsvolle Beziehung zu den anderen besitzt. Innerhalb des Begriffsclusters, das sich mit dem Selbst beschäftigt, finden der Leser und die Leserin einen längeren Exkurs, der die „Fallgeschichte" der Entwicklung dieses Konstruktes erläutert. Dieser Exkurs gibt Aufschluss darüber, auf welche Art und Weise die meisten Konstrukte dieses theoretischen Systems entwickelt worden sind, nämlich nicht in Schreibtischarbeit, sondern in einem beständigen Wechselspiel zwischen therapeutischer Erfahrung, abstrakter Begriffsbildung und Forschung unter Verwendung operational definierter Begriffe.

Ein Kapitel, das sich ausschließlich mit Definitionen beschäftigt, birgt die Gefahr in sich, zu ermüden. In diesem Falle kann sofort zur Lektüre der „Theorie der Therapie" im folgenden Kapitel übergegangen werden, in dem die definierten Begriffe in Kursivschrift zu finden sind. Auf dieses Kapitel kann zurückgegriffen werden, um die exakte Bedeutung dieser Begriffe zu ermitteln.

Gruppierung der Definitionen

Aktualisierungstendenz und damit zusammenhängende Konstrukte

1. Aktualisierungstendenz *(actualizing tendency)*
2. Tendenz zur Selbstaktualisierung *(tendency toward self actualization)*

Erfahrung und damit zusammenhängende Konstrukte

3. Erlebnis, Erfahrung *(experience* [noun]*)*
4. Erleben, Erfahren *(experience* [verb]*)*
5. Gefühl, Erleben eines Gefühls *(feeling, experiencing a feeling)*

Bewusstsein und damit zusammenhängende Konstrukte

6. Gewahrwerdung, Symbolisierung, Bewusstsein *(awareness, symbolization, conciousness)*
7. Der Gewahrwerdung zugänglich *(availibility to awareness)*
8. Exakte Symbolisierung *(accurate symbolization)*
9. Wahrnehmen, Wahrnehmung *(perceive, perception)*
10. unterschwelliges Wahrnehmen, unterschwellige Wahrnehmung *(subceive, subception)*

Selbst und damit zusammenhängende Konstrukte

11. Selbsterfahrung *(self-experience)*
12. Selbst, Selbstkonzept, Selbststruktur *(self, concept of self, self-structure)*
13. Selbstideal *(ideal self)*

Inkongruenz und damit zusammenhängende Konstrukte

14. Inkongruenz zwischen Selbst und Erfahrung *(incongruence between self and experience)*
15. Verletzlichkeit *(vulnerability)*
16. Angst *(anxiety)*
17. Bedrohung *(threat)*
18. Psychische Fehlanpassung *(psychological maladjustment)*

Die Reaktion auf Bedrohung

19. Abwehrverhalten, Abwehr *(defense, defensiveness)*
20. Wahrnehmungsverzerrung, Wahrnehmungsverleugnung *(distortion in awareness, denial to awareness)*
21. Intensionalität *(intensionality)*

Kongruenz und damit zusammenhängende Konstrukte

22. Kongruenz von Selbst und Erfahrung *(congruence of self and experience)*
23. Offenheit für Erfahrung *(openness to experience)*
24. Psychische Ausgeglichenheit *(psychological adjustment)*
25. Extensionalität *(extensionality)*
26. Reifen, Reife *(mature, maturity)*

Bedingungslose positive Beachtung und damit zusammenhängende Konstrukte

27. Kontakt *(contact)*
28. Positive Beachtung *(positive regard)*
29. Bedürfnis nach positiver Beachtung *(need for positive regard)*
30. Bedingungslose positive Beachtung *(unconditional positive regard)*
31. Bewertungskomplex *(regard complex)*
32. Positive Selbstbeachtung *(positive self-regard)*
33. Bedürfnis nach positiver Selbstbeachtung *(need for positive self-regard)*
34. Bedingungslose Selbstbeachtung *(unconditional self-regard)*

Bewertungsbedingungen

35. Bewertungsbedingungen *(conditions of worth)*

Mit Bewertung zusammenhängende Konstrukte

36. Ort der Bewertung *(locus of evaluation)*
37. Organismischer Bewertungsprozess *(organismic valuing process)*

Mit dem Ursprung des Wissens zusammenhängende Konstrukte

38. Innerer Bezugsrahmen *(internal frame of reference)*
39. Empathie *(empathy)*
40. Äußerer Bezugsrahmen *(external frame of reference)*

1. Aktualisierungstendenz

Der Begriff bezeichnet die dem Organismus innewohnende Tendenz zur Entwicklung all seiner Möglichkeiten; und zwar so, dass sie der Erhaltung oder Förderung des Organismus dienen. Diese Tendenz beinhaltet nicht nur das, was Maslows Begriff „deficiency needs" umfasst, nämlich die Grundbedürfnisse nach Luft, Nahrung, Wasser u. ä., sondern darüber hinausgehend auch allgemeinere Aktivitäten. Der Begriff beinhaltet die Tendenz des Organismus zur Differenzierung seiner Selbst und seiner Funktionen, er beinhaltet Erweiterung im Sinne von Wachstum, die Steigerung der Effektivität durch den Gebrauch von Werkzeugen und die Ausweitung und Verbesserung durch Reproduktion. Dies meint die Entwicklung hin zu Autonomie und weg von Heteronomie oder der Kontrolle durch äußere Zwänge.

Angyals Aussage (2) könnte als Synonym für diesen Begriff verwendet werden: „Leben ist ein autonomes Ereignis, das sich abspielt zwischen dem Organismus und dem Umfeld. Lebensprozesse erhalten nicht nur Leben, sondern transzendieren den gegenwärtigen Status quo des Organismus in dem Sinne, dass sie sich kontinuierlich ausdehnen und ihre autonome Bestimmung auf immer umfassendere Ereignisse ausdehnen."

Es sei darauf hingewiesen, dass diese grundlegende Aktualisierungstendenz das einzige Motiv ist, welches in diesem theoretischen System als Axiom vorausgesetzt wird. Es sei darüber hinaus darauf aufmerksam gemacht, dass diese Tendenz nur dem Organismus in seiner Gesamtheit innewohnt. Es gibt keine Homunkuli, keine anderen Energie- und Aktionsquellen in diesem System. Das Selbst zum Beispiel ist ein wichtiges Konstrukt unserer Theorie, aber dieses Selbst „tut" selbst nichts. Es ist nur eine mögliche Erscheinungsform dieser organismischen Tendenz, die den Organismus erhält und entwickelt.

Es sei schließlich daran erinnert, dass Motivationskonzepte, die mit Begriffen wie Bedürfnisreduzierung, Spannungsreduzierung und Triebreduzierung arbeiten, in diesem Konzept eingeschlossen sind. Unser Konzept beinhaltet jedoch auch das Bedürfnis nach Wachstum (growth motivations), das über diese Begriffe hinauszureichen scheint: Suche nach freudvoller Spannung, Tendenz zur Kreativität, Tendenz, mühsam Gehen zu lernen, wo doch Krabbeln müheloser zur selben Bedürfnisbefriedigung führen würde.

2. Tendenz zur Selbstaktualisierung

Betrachten wir einmal die Entwicklung der Selbststruktur: Die allgemeine Tendenz zur Aktualisierung drückt sich auch in der Aktualisierung des Teils der organismischen Erfahrung aus, in dem sich symbolisiert, was wir Selbst nennen. Wenn das Selbst und die Erfahrung des Organismus verhältnismäßig kongruent sind, dann bleibt die Aktualisierungstendenz ebenfalls verhältnismäßig ungespalten. Wenn aber Selbst und Erfahrung inkongruent sind, dann kann die allgemeine Aktualisierungstendenz des Organismus mit diesem Subsystem, nämlich der Tendenz zur Entfaltung des Selbst, in Widerspruch stehen.

Diese Definition wird später besser zu verstehen sein, wenn einige Begriffe – Selbst, Inkongruenz usw. – definiert worden sind. Sie wird hier aufgeführt, weil sie einen Teilaspekt der Motivation darstellt. Man sollte sie vielleicht erneut lesen, wenn die anderen Begriffe besser verstanden sind.

3. Erlebnis, Erfahrung

Dieser Begriff beinhaltet all das, was sich innerhalb des Organismus in einem bestimmten Augenblick abspielt und was potentiell der Gewahrwerdung zugänglich ist. Er schließt Ereignisse ein, deren sich das Individuum nicht gewahr ist, ebenso wie Phänomene, die im Bewusstsein (consciousness) sind. Somit beinhaltet er die psychologischen Aspekte des Hungers, selbst wenn das Individuum so fasziniert von seiner Arbeit oder seinem

Spiel ist, dass es den Hunger gar nicht bemerkt; er beinhaltet visuelle Eindrücke und Wahrnehmungen von Geräuschen und Gerüchen, selbst wenn diese nicht im Mittelpunkt der Beachtung stehen. Der Begriff Erfahrung schließt den Einfluss der Erinnerung und den vergangener Erfahrungen ein, sofern diese in einem bestimmten Augenblick aktiv sind und so die Bedeutung verschiedener Stimuli verändern. Er umfasst auch all das, was der unmittelbaren Gewahrwerdung oder dem Bewusstsein präsent ist. Er schließt jedoch solche Ereignisse aus, wie zum Beispiel die Aktivitäten von Nervenzellen oder Blutzuckerveränderungen, weil diese nicht der direkten Gewahrwerdung zugänglich sind. In diesem Sinne handelt es sich um eine psychologische, nicht um eine physiologische Definition.

Als synonyme Begriffe sind zu verstehen „Erlebnisfeld" oder „Phänomenales Feld" (i. S. von Snygg und Combs), die ebenfalls mehr als das Phänomen des Bewusstseins abdecken. In der Vergangenheit habe ich solche Begriffe wie „sensorische und viscerale Erfahrungen" und „organismische Erfahrung" benutzt, um die Qualität der Ganzheit dieser Konzeption zu verdeutlichen.

Es sei darauf hingewiesen, dass Erlebnis sich auf den Augenblick, nicht auf die Ansammlung vergangener Erfahrungen bezieht. Wir sind der Meinung, dass so die operationale Definition von Erlebnis oder einem bestimmten Erlebnis, das Teil eines Erlebnisfeldes ist, eher ermöglicht wird.

4. Erleben, Erfahren

Erleben meint einfach, dass die sensorischen und physiologischen Einflüsse, die in einem bestimmten Augenblick vorhanden sind, den Organismus erreichen.

Oftmals wird dieser Begriff in der Formulierung „etwas gewahrwerdend erleben" (to experience in awareness) benutzt. Dies meint, dass die oben genannten visceralen Ereignisse in scharf umrissener Form auf der Ebene des Bewusstseins (consciousness) symbolisiert werden.

5. Gefühl, Erleben eines Gefühls

Diese Begriffe werden häufig in Beiträgen über personzentrierte Psychotherapie und Theorie benutzt. Sie bezeichnen eine emotional gefärbte Erfahrung, einschließlich ihrer persönlichen Bedeutung. Es werden also die Emotion und der kognitive Inhalt der Bedeutung dieser Emotion in ihrem Erfahrungsfeld erfasst. Dieser Begriff verweist somit auf die Einheit von Emotion und Kognition, wie diese unteilbar in einem bestimmten Augenblick erfahrbar werden. Man stellt sich vielleicht am besten ein kleines Erfahrungssegment vor, das die emotionale Färbung und die wahrgenommene individuelle Bedeutung in sich trägt. Zum Beispiel: „Ich bin ärgerlich über mich selbst", „Ich schäme mich meiner Wünsche, wenn ich mit ihr zusammen bin", „Zum ersten Mal in meinem Leben, genau jetzt, fühle ich, dass Du mich magst". Das letzte Beispiel zeigt ein anderes, für unsere Theorie wichtiges Phänomen. Wir haben es genannt: *Ein Gefühl voll und ganz*, in der unmittelbaren Gegenwart *erleben*. Das Individuum ist dann kongruent in seiner Erfahrung (der Gefühle), dem Gewahrsein seiner Gefühle und ihrem Ausdruck.

6. Gewahrwerdung, Symbolisierung, Bewusstsein

Diese Begriffe werden als Synonyme definiert. In Anlehnung an Angyals Begriff ist Bewusstsein (oder Gewahrwerdung) die Symbolisierung eines Ausschnittes unserer Erfahrung. Gewahrwerdung, Symbolisierung, Bewusstsein werden somit als symbolische Repräsentation (nicht notwendigerweise in verbalen Symbolen) eines Teils unserer Erfahrung gesehen. Diese Repräsentation mag verschiedene Grade von Schärfe oder Klarheit aufweisen. Von einer dumpfen Gewahrwerdung von etwas, was tief innen existiert, bis hin zu einer scharfen Gewahrwerdung von etwas, was im Brennpunkt steht.

7. Der Gewahrwerdung zugänglich

Wenn eine Erfahrung frei, ohne defensive Verleugnung oder Verzerrung symbolisiert werden kann, sagen wir, dass sie der Gewahrwerdung zugänglich ist.

8. Exakte Symbolisierung

Die Symbole, die sich in unserem Gewahrsein bilden, stimmen nicht notwendigerweise mit der „wirklichen Erfahrung" oder der „Realität" überein. So bemerkt zum Beispiel der Psychotiker elektrische Impulse in seinem Körper, er „symbolisiert sie", obwohl sie nicht wirklich existieren. Ich schaue kurz auf und entdecke ein Flugzeug in einer gewissen Entfernung, doch es stellt sich heraus, dass es nur eine Mücke vor meinem Auge gewesen ist. Es scheint also von Bedeutung zu sein, wahrgenommene Ereignisse, die man gemeinhin als wirklich oder exakt bezeichnet, von solchen zu unterscheiden, die nicht wirklich existieren. Doch wie lässt sich das begrifflich fassen, wenn wir versuchen konsequent zu denken?

Man bekommt dieses Problem am ehesten in den Griff, so scheint mir, wenn man den Standpunkt derjenigen einnimmt, die davon ausgehen, dass alle Wahrnehmungen (und ich würde hinzufügen, alle Gewahrwerdung) von transaktionaler Natur sind; dass sie insofern eine Konstruktion aus unserer eigenen Vorerfahrung und eine Vermutung oder Vorhersage über die Zukunft sind. Auf diese Weise können die oben genannten Beispiele überprüft werden: Wenn ich die „Mücke" verjage, und sie verschwindet, dann wächst die Wahrscheinlichkeit, dass das, was ich bemerkt habe, eine Mücke und kein Flugzeug war. Wenn der Psychotiker die elektrischen Ströme in seinem Körper überprüfen und somit erkennen könnte, ob sie die gleichen Charakteristiken aufweisen, wie andere elektrische Ströme, dann würde er die in seiner Gewahrwerdung enthaltene Hypothese überprüfen. Wenn wir also von exakter Symbolisierung im Gewahrsein sprechen, so meinen wir, dass Hypothesen im Rahmen unserer Gewahrwerdung dadurch erhärtet werden, dass wir sie durch Versuch testen.

Wir sind an diesem Punkt weit jenseits der Grenzlinie eines einfachen Begriffs von Gewahrwerdung bzw. Gewahrsein in einem Gebiet, das gewöhnlich als Wahrnehmung (perception) bezeichnet wird. Wir wollen mit der Überlegung dieses Konzeptes weiterfahren.

9. Wahrnehmen, Wahrnehmung

Die Bedeutung dieses Begriffes hat sich so sehr verändert, dass u. a. folgende Definition vorgeschlagen wurde: „Wahrnehmung ist das, was ins Bewusstsein eindringt, wenn Reize, in der Hauptsache Licht oder Schall, von außen auf den Organismus einwirken" (40, S. 250). Obwohl diese Definition ein wenig zu allgemein erscheint, berücksichtigt sie doch die Arbeiten von Hebb, Riesen und anderen, in denen betont wird, dass das Einwirken des Reizes und die Bedeutung, die dem Reiz zugesprochen wird, untrennbare Teile ein und derselben Erfahrung sind.

Wir selbst würden sagen: Wahrnehmung stellt eine Vermutung oder eine Vorhersage einer Handlung dar, die im Gewahrsein entsteht, wenn Reize auf den Organismus einwirken. Wenn wir wahrnehmen „Dies ist ein Dreieck", „Dies ist ein Baum" oder „Diese Person ist meine Mutter", dann heißt das, dass wir eine Vorhersage machen; nämlich, dass die Objekte, von denen wir die Reize empfangen, auch bei anderer Gelegenheit Eigenschaften offenbaren würden, die wir auf Grund unserer Vorerfahrung als charakteristisch für Dreiecke, Bäume, Mütter usw. ansehen.

In diesem Sinne können wir sagen, dass Wahrnehmung und Gewahrwerdung Synonyme darstellen. Wahrnehmung erweist sich dabei als der engere Begriff, der gewöhnlich benutzt wird, wenn wir die Bedeutung betonen möchten, die Reize in einem Prozess besitzen. Gewahrwerdung dagegen ist der breitere Terminus, der Symbolisierungen und Bedeutungen abdeckt, die zum einen aus rein internen Reizen (z. B. Erinnerungsspuren, Körperempfindungen u. Ä.), zum anderen ebenso aus äußeren Reizen entstehen.

Wenn wir Wahrnehmung rein psychologisch definieren, so wollen wir damit nicht in Abrede stellen, dass sie ebenso physiologisch definiert werden kann, wenn man sich z. B. auf die Einwirkungen von Lichtreizen auf bestimmte Nervenzellen bezieht. Für unsere Zwecke jedoch ist die psychologische Definition fruchtbarer, so dass wir in unseren Ausführungen diesen Begriff in diesem Sinne benutzen.

10. Unterschwelliges Wahrnehmen, unterschwellige Wahrnehmung

McCleary und Lazarus (46) formulierten dieses Konstrukt, um damit das Unterscheidungsvermögen ohne Gewahrsein zu bezeichnen. Sie stellten fest: „Selbst wenn eine Person nicht in der Lage ist, von einer visuellen Unterscheidung zu berichten, ist sie doch fähig, Reize auf einer Ebene zu unterscheiden, die unterhalb des bewussten Erkennens liegt." Der Organismus kann also Reize und deren Bedeutung für den Organismus unterscheiden, ohne dass höhere Nervenzentren, die bei Vorgängen im Bewusstsein eine Rolle spielen, beteiligt sind. Diese Fähigkeit erlaubt dem Individuum, eine Erfahrung als bedrohlich zu erkennen, ohne dass die Bedrohung im Gewahrsein symbolisiert wurde.

11. Selbsterfahrung

Dieser Begriff geht auf Standal (80) zurück. Er bezeichnet jedes Ereignis oder jede Einheit des phänomenologischen Feldes, wie es vom Individuum unterschieden wird – dieses wird weiterhin unterschieden in das Selbst, das Ich und was sich darauf bezieht. Allgemein gesagt sind Selbsterfahrungen das Rohmaterial, aus dem das organisierte Selbstkonzept geformt ist.

12. Selbst, Selbstkonzept, Selbststruktur

Diese Begriffe beziehen sich auf die organisierte, in sich geschlossene Gestalt. Diese beinhaltet die Wahrnehmungscharakteristiken des Ich, die Wahrnehmungen der Beziehungen zwischen dem Ich und anderen und verschiedenen Lebensaspekten, einschließlich der mit diesen Erfahrungen verbundenen Werte. Dieser Gestalt kann man gewahrwerden, sie ist jedoch nicht notwendigerweise gewahr. Es handelt sich um eine fließende, eine wechselnde Gestalt, um einen Prozess, der zu jedem beliebigen Zeitpunkt eine spezifische Wesenheit ist, zumindest teilweise durch operationale Begriffe erfassbar (wie z. B. durch das Q-Sort oder andere Messinstrumente). Die Begriffe Selbst oder Selbstkonzept werden üblicherweise dann verwendet, wenn von der Person oder der Sichtweise ihrer selbst gesprochen wird, der Begriff Selbststruktur, wenn wir auf diese Gestalt von einem äußeren Bezugsrahmen aus blicken.

13. Selbstideal

Selbstideal (oder Ideal-Selbst) bezeichnet das Selbstkonzept, das eine Person am liebsten besäße, worauf sie für sich selbst den höchsten Wert legt. In allen anderen Aspekten ist das Selbstideal definiert wie das Selbstkonzept.

Ein Exkurs zur Fallgeschichte eines Konstruktes. Die Abstraktion „Selbst" stellt einen der zentralen Begriffe unserer Theorie dar. Es erscheint mir deshalb sinnvoll, hier einen etwas längeren Exkurs einzufügen, der die Entwicklung dieses Konstruktes erläutert. Es soll so außerdem deutlich werden, wie sich ein großer Teil der von uns verwendeten Begriffe entwickelt hat.

Ich begann meine Arbeit mit der Überzeugung, dass das „Selbst" ein vager, vieldeutiger, wissenschaftlich bedeutungsloser Begriff sei, der seit dem Verschwinden der Vertreter der Introspektion aus dem Vokabular der Psychologie gestrichen war. Ich habe nur langsam erkannt, dass Klienten und Klientinnen dazu neigen, über das Selbst zu sprechen, wenn ihnen ohne jegliche Anleitung oder Interpretation Gelegenheit gegeben wird, ihre Probleme und ihre Einstellungen mit eigenen Worten auszudrücken. Charakteristische Formulierungen waren beispielsweise: „Ich fühle, dass ich nicht mein wirkliches Selbst bin." „Ich frage mich, wer ich wirklich bin." „Ich mag es nicht, wenn jemand mein wirkliches Selbst kennt." „Ich hatte niemals die Gelegenheit, ich selbst zu sein.", „Es ist ein gutes Gefühl, dass ich mich hier gehen lassen und ich selbst sein kann." „Ich denke, dass mein Selbst hinter der ganzen Fassade ziemlich gefestigt und solide ist." Aus solchen Formulierungen wurde deutlich, dass das Selbst ein wichtiges Element in der Erfahrung der Klienten war und dass sie auf eine unbestimmte Art und Weise das Ziel hatten, ihr „wahres Selbst" zu werden.

Raimy (54) hat eine vorsichtige Definition des Selbstkonzeptes vorgelegt, die uns bei unseren Überlegungen behilflich war. Die Möglichkeit einer operationalen Definition schien zu diesem Zeitpunkt nicht gegeben. Jedoch konnten Einstellungen dem Selbst gegenüber gemessen werden. Raimy et al. begannen mit der Erforschung dieser Einstellungen. Mit Hilfe von Tonbandaufnahmen wurden alle in Gesprächen auftauchenden Begriffe, die auf das Selbst hinwiesen, kategorisiert. Diese Kategorien waren zu einem befriedigenden Grad operationalisierbar. Sie stellten somit angemessene wissenschaftliche Konstrukte für unsere Arbeit dar. Wir fanden unsere Vermutung bestätigt, dass sich Einstellungen gegenüber dem Selbst während der Therapie erheblich änderten.

Bei näherer Betrachtung des Selbstkonzeptes gab uns die klinische Erfahrung weitere Aufschlüsse über seine Beschaffenheit. Beispielsweise beobachteten wir während des Wandlungsprozesses, der in der Therapie auftrat, heftige Schwankungen im Selbstkonzept. Ein Klient erfuhr sich während eines bestimmten Gespräches beispielsweise recht positiv. Er fühlte, dass er etwas wert war, dass er das Leben mit den ihm zur Verfügung stehenden Mitteln meistert, dass er eine ruhige Zuversicht entwickeln konnte. Drei Tage später kam er mit einer völlig veränderten Meinung über sich selbst zurück. Auf gleicher Grundlage kam er nun zu völlig gegenteiligen Einschätzungen: Dieser neue Befund drückte törichte Unreife aus; seine Gefühle, die er seinen Kollegen gegenüber so mutig geäußert hatte, schienen ihm nun eindeutig unangemessen. Oft konnte ein Klient den Augenblick exakt bestimmen, in dem er sein Gleichgewicht in Folge eines bedeutungslosen Anlasses verloren hatte und sein Selbstbild völlig umgeworfen wurde. Während des Gespräches konnte wiederum ein plötzlicher Wandel eintreten.

Das Selbst stellte sich nicht als ein Phänomen dar, das durch langsames Anwachsen, durch schrittweises Lernen und zahllose richtungsidentische Konditionierungen geprägt worden ist. Dies alles konnte eine Rolle spielen. Das Ergebnis jedoch war deutlich eine Gestalt, eine Konfiguration, in der die Veränderung eines unbedeutenden Aspektes zum völligen Wandel des gesamten Musters führen konnte. Dies erinnerte an die populäre Illustration einer Gestalt: Das Doppelbild der alten Hexe und der jungen Frau. Betrachtet man das Bild voreingenommen, dann erkennt man eine hässliche alte Frau. Die kleinste Veränderung jedoch und das Ganze wird das Porträt eines attraktiven Mädchens. Ebenso bei unseren Klienten: Das Selbstkonzept hatte eindeutig die Beschaffenheit einer Konfiguration.

Unsere klinische Erfahrung gab uns weitere Aufschlüsse über die Art und Weise wie das Selbstkonzept funktioniert. Das konventionelle Konzept der Verdrängung, das mit verbotenen oder sozial tabuisierten Impulsen arbeitet, wurde als ungenügender Erklärungsversuch verworfen. Oft waren es gerade die positiven Gefühle der Liebe, Zärtlichkeit und des Vertrauens, die am heftigsten verleugnet wurden. Wie konnte man das verwirrende Konglomerat von Erfahrungen, die offensichtlich der Gewahrwerdung nicht zugänglich sind, erklären? Allmählich wurde deutlich, dass die Übereinstimmung mit dem Selbst das entscheidende Prinzip war: Erfahrungen, die mit dem Selbstkonzept des Individuums unvereinbar waren, wurden der Gewahrwerdung vorenthalten, ungeachtet ihres sozialen Charakters. Wir begannen das Selbst als einen Bereich zu verstehen, in dem der Organismus Erfahrungen aussortiert, die vom Bewusstsein (consciousness) nicht problemlos zugelassen werden können. Leckys posthum erschienener Band (43) bestärkte diese Überlegungen. Wir begannen auch andere Funktionen des Selbst zu verstehen, wie seinen regulierenden Einfluss auf das Verhalten u. Ä.

Zu diesem Zeitpunkt eröffnete Stephensons Q-Technik (81) die Möglichkeit einer operationalen Definition des Selbstkonzeptes. Unmittelbar darauf überschlug sich die Forschung förmlich. Obwohl unseres Erachtens die möglichen Überprüfungen der Hypothese kaum ausgeschöpft worden sind, hat es schon Untersuchungen und Vorhersagen gegeben, die sich auf das aktuelle Selbst, das Selbst in der Vergangenheit, „das Selbst, das ich bei meiner Mutter bin", „das Selbst, das ich gerne wäre" usw. beziehen. Die wertvollste und bedeutendste Arbeit ist wahrscheinlich von Chodorkoff (10) vorgelegt worden, in der er folgende Hypothese aufstellte: Je größer die Übereinstimmung zwischen der Selbstbeschreibung des Individuums und einer objektiven Beschreibung von ihm ist, desto weniger Wahrnehmungsabwehr wird es aufweisen und desto adäquater wird seine persönliche Anpassung sein. Diese Hypothese hat sich bestätigt und scheint somit wichtige Aspekte unserer Theorie zu stützen. Im Allgemeinen stimmen die verschiedenen Untersuchungen darin überein, dass sie das Selbstkonzept als wichtigste Variable in der Persönlichkeitsdynamik ansehen und dass Veränderungen im Selbst die markantesten und bedeutendsten Veränderungen während der Therapie darstellen.

Jedes Konstrukt ist eine mehr oder weniger willkürliche Abstraktion der Erfahrung. Das Selbst wurde deshalb auf die verschiedensten Arten definiert. Hilgard (34) hat beispielsweise vorgeschlagen, dass eine Definition sowohl unbewusstes, der Gewahrwerdung nicht zugängliches Material, wie auch bewusstes Material einschließen sollte. Dies ist zweifellos eine legitime Art der Abstraktion; allerdings glauben wir nicht, dass es eine sinnvolle ist, weil hierzu bisher keine operationalen Definitionen formuliert werden können. Über den Inhalt des Unbewussten lässt sich keine hinreichende Übereinstimmung erzielen, die Forschung ermöglichen würde. Wir meinen deshalb, dass es fruchtbarer ist, das Selbstkonzept als eine Gestalt zu definieren, die der Gewahrwerdung zugänglich ist. Dies hat eine immense Forschungsarbeit angeregt.

Wir sind jedoch immer bemüht, die Tatsache ins Zentrum unserer Überlegungen zu rücken, dass jede Definition nichts als eine Abstraktion ist und dass das gleiche Phänomen zu verschiedenen Abstraktionen führen kann. In einer unserer Arbeitsgruppen wurde eine Definition des Selbst entwickelt, die eher seine fortschreitende, sich in Veränderung befindliche Beschaffenheit betont. Andere glaubten, dass eine plurale Definition, die die mannigfaltigen spezifischen Aspekte des Selbst in jeweils verschiedenen Lebensumständen aufzeigt, fruchtbarer wäre. Diese Überlegung ist beispielsweise in Nunnallys (50) Untersuchung integriert. Die Suche nach einer adäquateren Konzeption dieses Bereiches unserer therapeutischen Erfahrung und nach angemesseneren technischen Mitteln zur Schaffung operationaler Definitionen geht also weiter.

Hiermit sei dieser Einschub beendet. Ich hoffe, dass dieses Beispiel deutlich gemacht hat, wie die meisten unserer grundlegenden Konstrukte entwickelt worden sind – nicht nur das Selbstkonzept, sondern die Konstrukte der Kongruenz, der Inkongruenz, der Abwehr, der bedingungslosen positiven Beachtung, des Orts der Bewertung (locus of evaluation) usw. Obwohl dieser Prozess nicht regelhaft verlief, beinhaltete er in den meisten Fällen folgende Punkte: klinische Beobachtung, anfängliche Konzeption, grobe Forschungsarbeit zur Überprüfung der jeweiligen Hypothesen, weitere klinische Beobachtung, rigorosere Formulierung der Konstrukte und ihrer funktionalen Beziehungen, verfeinerte operationale Definition des Konstruktes, beweiskräftigere Untersuchungen.

14. Inkongruenz zwischen Selbst und Erfahrung

In der im Teil „Theorie der Persönlichkeit" beschriebenen Weise entwickeln sich häufig Widersprüche zwischen dem wahrgenommenen Selbst und der tatsächlichen organismischen Erfahrung. Das Individuum nimmt sich selbst wahr als jemanden, der die Charakteristiken a, b und c besitzt und die Gefühle x, y und z erlebt. Eine exakte Symbolisierung dieser Erfahrung würde jedoch die Charakteristiken c, d und e und die Gefühle v, w und x aufweisen. Das Individuum befindet sich also in einem Zustand der Inkongruenz von Selbst und Erfahrung, weil solche Widersprüche bestehen. Dies ist ein Zustand der Spannung und inneren Konfusion, weil hinsichtlich einiger Aspekte das individuelle Verhalten durch die Aktualisierungstendenz, bezüglich anderer Aspekte jedoch durch die Selbstaktualisierungstendenz geregelt wird, so dass dadurch ungeordnetes oder unverständliches Verhalten entsteht. Das sogenannte neurotische Verhalten ist hierfür ein Beispiel: Die Aktualisierungstendenz bedingt dieses neurotische Verhalten, während die Selbstaktualisierungstendenz andere Aspekte des Individuums zum Inhalt hat. Das neurotische Verhalten muss somit für das Individuum selbst unverständlich bleiben, weil das Verhalten abweicht von dem, was das Individuum „will", nämlich ein Selbst zu aktualisieren, das nicht mehr mit der Erfahrung in Einklang zu bringen ist.

15. Verletzlichkeit

Der Begriff Verletzlichkeit bezieht sich auf den Zustand der Inkongruenz zwischen Selbstkonzept und Erfahrung: in diesem Zustand ist psychische Desorganisation jederzeit möglich. Wenn Inkongruenz besteht und das Individuum sich dessen nicht bewusst ist, dann ist es potentiell anfällig für Angst, Bedrohung und Desorganisation. Wenn eine bestimmte neue Erfahrung die Diskrepanz so klar hervortreten lässt, dass sie bewusst wahrgenommen werden muss, wird das Selbstkonzept des Individuums durch die widersprüchliche und nicht vereinbare Erfahrung desorganisiert.

16. Angst

Angst ist phänomenologisch ein Zustand des Unwohlseins und der Spannung, dessen Ursache unbekannt ist. Von einem äußeren Bezugsrahmen aus betrachtet ist Angst der Zustand, in dem sich die Inkongruenz zwischen Selbstkonzept und dem Gesamt der Erfahrung der Gewahrwerdung nähert. Wenn Erfahrung *offensichtlich* vom Selbstkonzept abweicht, dann wird eine Abwehrreaktion gegen diese Bedrohung immer schwieriger. Angst ist dann die Antwort des Organismus auf die „unterschwellige Wahrnehmung", eine solche Diskrepanz könnte gewahr werden und würde in der Folge eine Veränderung des Selbstkonzeptes erzwingen.

17. Bedrohung

Das Stadium der Bedrohung besteht, wenn eine Erfahrung wahrgenommen oder erwartet wird, die inkongruent mit der Selbststruktur ist. Dabei kann es sich von außen betrachtet um das gleiche Phänomen handeln, das von innen gesehen als Angst bezeichnet wird.

18. Psychische Fehlanpassung

Psychische Fehlanpassung besteht dann, wenn der Organismus bestimmte Erfahrungen der Gewahrwerdung verweigert oder deren bewusste Wahrnehmung so stört, dass diese nicht exakt symbolisiert in die Gestalt der Selbststruktur integriert werden können. In der Folge entsteht Inkongruenz zwischen dem Selbst und der Erfahrung.

Möglicherweise ist es für die Verdeutlichung dieses grundlegenden Konzeptes der Inkongruenz hilfreich, wenn wir uns vor Augen halten, dass einige der von uns definierten Begriffe einfach verschiedene Ausgangspunkte für die Betrachtung ein und desselben Phänomens sind. Wenn sich eine Person im Zustand der Inkongruenz zwischen Selbst und Erfahrung befindet und wir dies von einem externen Standpunkt aus betrachten, dann sehen wir sie als verletzlich an (wenn sie sich dieser Diskrepanz nicht gewahr ist), oder wir sehen sie als bedroht (wenn sie sich der Diskrepanz gewahr ist). Betrachten wir die Person von einem sozialen Standpunkt aus, dann bedeutet diese Inkongruenz eine psychische Fehlanpassung. Betrachtet sich das Individuum jedoch selbst, dann kann es sich selbst als angepasst sehen (wenn es sich der Diskrepanz nicht gewahr ist) oder als bedroht oder desorganisiert (wenn sich die Diskrepanz dem Gewahrsein aufgezwungen hat).

19. Abwehrverhalten, Abwehr

Abwehrverhalten ist die Antwort des Organismus auf Bedrohung. Es wird damit das Ziel verfolgt, die gegenwärtige Struktur aufrecht zu erhalten. Dieses Ziel wird einmal erreicht durch die Verzerrung der Erfahrung im Gewahrsein, um auf diese Weise die Nichtübereinstimmung zwischen Erfahrung und Selbststruktur zu reduzieren; oder indem die Erfahrung von der Gewahrwerdung ferngehalten wird, um so jede Bedrohung des Selbst zu vermeiden. Der Begriff Abwehr bezeichnet den Zustand, in dem man sich so wie beschrieben verhält.

20. Wahrnehmungsverzerrung, Wahrnehmungsverleugnung

Man weiß, dass Material, welches deutlich inkonsistent mit dem Selbstkonzept ist, nicht direkt und frei der Gewahrwerdung zugänglich ist. Um dies zu erklären, wurde das Konstrukt der Verzerrung und Verleugnung entwickelt. Wenn eine Erfahrung vage oder unterschwellig als mit der Selbststruktur inkongruent wahrgenommen wird, scheint der Organismus mit einer Verzerrung der Bedeutung dieser Erfahrung zu reagieren (um sie so wieder in Kongruenz mit dem Selbst zu bringen) oder mit einer Wahrnehmungsverweigerung, um so die Selbststruktur vor Bedrohung zu bewahren. Man kann es sich vielleicht am einfachsten an jenen seltenen Augenblicken einer Therapie verdeutlichen, in denen die Antwort des Therapeuten und der Therapeutin, richtig gehört und richtig verstanden, bedeuten würde, dass der Klient bzw. die Klientin notwendigerweise eine ernste Inkonsistenz zwischen Selbstkonzept und einer bestimmten Erfahrung wahrnehmen müsste. Dann könnte der Klient bzw. die Klientin z. B. antworten: „Ich kann hören, was Sie sagen, und ich weiß, ich sollte es auch verstehen, aber ich kann den Worten einfach keine Bedeutung für mich zumessen". Hier ist die Beziehung zu gut, als dass die Bedeutung des Gesagten durch Rationalisierung verzerrt werden könnte; andererseits ist die Bedeutung jedoch zu bedrohlich, als dass sie akzeptiert werden könnte. Also leugnet der Organismus, dass etwas Bedeutungsvolles gesagt worden ist. Solch eine offene Wahrnehmungsverweigerung ist sehr viel seltener als das Phänomen der Verzerrung. Enthält das Selbstkonzept das Merkmal „Ich bin ein schlechter Student", dann kann die Erfahrung einer guten Note leicht dadurch verzerrt und wieder in Übereinstimmung mit dem Selbst gebracht werden, indem sie z. B. umgedeutet wird in „Der Professor ist ein Dummkopf", „Ich hatte eben Glück" usw.

21. Intensionalität

Dieser Begriff entstammt der allgemeinen Semantik. Wenn eine Person in einer *intensionalen* Art und Weise reagiert oder wahrnimmt, dann tendiert sie dazu, Erfahrungen zu verabsolutieren und unangreifbar zu machen. Sie neigt dazu, zu verallgemeinern, sie wird von Konzepten oder Überzeugungen dominiert, es gelingt ihr nicht, das eigene Reagieren nach der Realität auszurichten. Sie bringt Tatsachen und Bewertungen durcheinander, und sie verlässt sich lieber auf Abstraktionen als auf die Überprüfung der Realität. Dieser Begriff deckt das häufig benutzte Konzept der Rigidität ab, aber beinhaltet mehr Verhaltensweisen, als im Allgemeinen für die Entstehung von Rigidität angenommen werden.

Wir wollten deutlich machen, dass diese Gruppe der Definitionen sämtlich mit der Antwort des Organismus auf Bedrohung zu tun hat. Abwehrverhalten ist der übergeordnete Begriff: Verzerrung und Verweigerung sind die Mechanismen des Abwehrverhaltens; der Begriff „Intensionalität" bezeichnet die Verhaltensweisen, die für ein Individuum charakteristisch sind, das sich im Zustand der Abwehr befindet.

22. Kongruenz von Selbst und Erfahrung

Hierbei handelt es sich um ein grundlegendes, aus der therapeutischen Erfahrung erwachsenes Konzept. Das Individuum überprüft sein Selbstkonzept, um es in Übereinstimmung mit seiner exakt symbolisierten Erfahrung zu bringen. Es entdeckt z. B., dass ein Teil seiner Erfahrung, wenn sie exakt symbolisiert erlebt wird, Hass auf den Vater bedeuten würde; in einem anderen Falle wäre es z. b. ein starkes homosexuelles Bedürfnis. Es organisiert sein Selbstkonzept, um Charakteristiken mit einschließen zu können, die früher als unvereinbar erlebt wurden.

Wenn also Selbsterfahrungen exakt symbolisiert erlebt und in dieser exakt symbolisierten Form in das Selbstkonzept integriert werden, dann ist der Zustand der Kongruenz zwischen Selbst und Erfahrung erreicht. Würde dies für alle Selbsterfahrungen gelten, dann wäre das Individuum eine mit sich in völliger Übereinstimmung befindliche, also eine psychisch völlig gesunde Person (fully functioning person). (Dies wird in einem späteren Abschnitt ausführlicher dargestellt.) Trifft dies in einigen Erfahrungsbereichen zu, z. B. für die Erfahrung eines Individuums in einer bestimmten Beziehung oder in einem bestimmten Augenblick, dann können wir sagen, dass das Individuum sich in einem gewissen Ausmaße im Zustand der Kongruenz befindet. Andere Begriffe, die in gewisser Weise der Kongruenz synonym sind, lauten: integriert, ganz, echt.

23. Offenheit für Erfahrung

Fühlt sich eine Person in keiner Weise bedroht, dann ist sie offen für Erfahrung. Für Erfahrung offen zu sein, bedeutet, sich in einem Zustand zu befinden, der das Gegenteil des Zustandes der Abwehr ist. Dieser Begriff kann auf einige Erfahrungsbereiche oder auch die totale Erfahrung des Organismus bezogen sein. Er meint, dass jeder Reiz, gleichgültig ob innerhalb oder außerhalb des Organismus entstanden, sich frei im Nervensystem bewegt, ohne durch irgendeinen Abwehrvorgang gestört oder verändert zu werden. Das sogenannte „Unbewusste" („subception"), durch das der Organismus über bedrohliche Erfahrungen für das Selbst vorgewarnt wird, ist hier nicht vonnöten. Im Gegenteil: Ob nun ein Reiz eine Einwirkung in Form einer bestimmten Erscheinung, einer Farbe, eines Geräusches der Umgebung auf das sensorische Nervensystem oder eine Erinnerungsspur aus der Vergangenheit, eine Körperempfindung der Furcht, der Freude oder des Ekels ist – er ist immer vollständig der Gewahrwerdung des Individuums zugänglich. Bei unserer hypothetischen Person, die völlig offen für ihre Erfahrungen ist, wäre das Selbstkonzept eine bewusste Symbolisierung, die völlig kongruent mit dem Erleben wäre. Es gäbe in diesem Fall keine Möglichkeit der Bedrohung.

24. Psychische Ausgeglichenheit[1]

Optimale psychische Ausgeglichenheit besteht dann, wenn das Selbstkonzept so gestaltet ist, dass alle Erfahrungen auf einem symbolischen Niveau in die Gestalt der Selbststruktur aufgenommen werden können. In diesem Sinne ist optimale psychische Ausgeglichenheit synonym mit völliger Übereinstimmung zwischen Selbst und Erfahrung oder völliger Offenheit für Erfahrung. In der Praxis bedeutet die Verbesserung der psychischen Ausgeglichenheit ein Fortschreiten in Richtung auf diesen Idealzustand hin.

25. Extensionalität

Dieser Begriff entstammt der allgemeinen Semantik. Wenn eine Person in einer realitätsoffenen Art und Weise wahrnimmt oder reagiert, dann tendiert sie dazu, eine Erfahrung in begrenzter und differenzierter Art und Weise wahrzunehmen, sie ist sich der raum-zeitlichen Bedingtheit von Fakten bewusst. Sie wird geleitet von Fakten, nicht von Konzepten, sie bewertet in vielfältiger Weise, sie ist sich der verschiedenen Abstraktionsgrade bewusst, und sie überprüft Schlussfolgerungen und Abstraktionen an der Realität.

26. Reifen, Reife

Ein Individuum zeigt reifes Verhalten, wenn es in realistischer und erfahrungsoffener Weise wahrnimmt, wenn es sich nicht abwehrend verhält, wenn es die Verantwortung dafür übernimmt, sich von anderen zu unterscheiden, wenn es die Verantwortung für sein eigenes Verhalten übernimmt, wenn es die Erfahrungen danach bewertet, ob diese mit den eigenen Sinneseindrücken übereinstimmen. Das Individuum ändert seine Bewertungen nur auf der Grundlage neuer Beweise, es akzeptiert andere als einzigartige, von ihm selbst verschiedene Individuen, es schätzt sich und andere. (Wenn das Verhalten einer Person diese Charakteristiken aufweist, dann folgen automatisch die Arten von Verhalten, die üblicherweise als psychisch reife Verhaltensweisen angesehen werden.)

Diese letzten fünf Definitionen bilden eine Gruppe von Begriffen, die aus dem Konzept der Kongruenz entstanden sind. Kongruenz definiert den Zustand. Offenheit für Erfahrung ist die Art, in der ein innerlich kongruentes Individuum neuen Erfahrungen begegnet. Psychische Ausgeglichenheit ist Kongruenz, wie sie von einem sozialen Standpunkt aus gesehen

---

[1] Die übliche Übersetzung von Rogers' *adjustment* als Anpassung, Angepasstheit, haben wir wegen der deutlichen, einseitig negativen Konnotationen im Deutschen vermieden. (Anmerkung der Übersetzer)

werden kann. Extensionalität ist der Begriff, der ein spezielles Verhalten eines mit sich kongruenten Individuums beschreibt. Reife ist ein weiterer Begriff, der Persönlichkeitsmerkmale und Verhalten einer Person benennt, die, allgemein gesprochen, mit sich kongruent ist.

Das Konzept der folgenden Gruppe von Definitionen wurde von Standal (80) entwickelt und formuliert und trat an die Stelle einer Anzahl weniger zufriedenstellender und weniger rigoros definierter Konstrukte. Im engeren Sinne hat diese Gruppe mit dem Konzept der *positiven Beachtung (positive regard)* zu tun. Da aber alle Vorgänge, die mit diesem Konstrukt zu tun haben, in Beziehungen stattfinden, folgt zunächst eine Definition des psychologischen Kontaktes oder des Beziehungsminimums.

27. Kontakt

Menschen befinden sich in psychologischem Kontakt oder haben das Minimum an Beziehung, wenn sie eine offen oder unterschwellig wahrgenommene Veränderung des Erlebnisfeldes des anderen erzeugen.

Diesem Konstrukt wurde zunächst der Name „Beziehung" gegeben; er führte jedoch zu vielfältigen Missverständnissen, weil darunter oft die Tiefe und Qualität einer guten Beziehung oder einer therapeutischen Beziehung verstanden wird. Der vorliegende Begriff wurde ausgewählt, um deutlich zu machen, dass es sich um das Erfahrungsminimum handelt, das man Beziehung nennen kann. Wenn mehr als dieser einfache Kontakt zwischen zwei Personen ausgedrückt werden soll, dann werden die zusätzlichen Charakteristiken dieses Kontaktes in der Theorie spezifiziert.

28. Wertschätzung

Wenn ich bei einem anderen Selbsterfahrung wahrnehme, und dies zu einer positiven Veränderung meines Erlebnisfeldes führt, dann erlebe ich dem anderen gegenüber Wertschätzung. Der Begriff *Wertschätzung* schließt allgemein in seiner Definition Haltungen wie Wärme, Liebe, Respekt, Sympathie und Anerkennung ein. Sich selbst als jemand wahrzunehmen, der wertgeschätzt wird, bedeutet zu erleben, dass man eine positive Veränderung im Erlebnisfeld des anderen bewirkt.

29. Bedürfnis nach Wertschätzung

Standal postuliert, dass das Bedürfnis nach Wertschätzung grundlegend ist. Es ist ein sekundäres, also erlerntes Bedürfnis, das in der frühen Kindheit entwickelt wird. Verschiedene Autoren haben das Bedürfnis des Kindes nach Liebe und Zuwendung als ein wesensmäßiges oder instinktives Bedürfnis beschrieben. Möglicherweise befindet sich Standal auf einem sichereren Boden, wenn er dieses Bedürfnis als ein gelerntes betrachtet. Indem er es das

Bedürfnis nach Wertschätzung nennt, hat er nach unserer Überzeugung die wesentliche psychologische Variable aus der allgemeinen Terminologie, wie sie üblicherweise verwendet wird, ausgewählt.

30. Bedingungslose Wertschätzung

Hierbei handelt es sich um eines der Schlüsselkonstrukte der Theorie. Es wird folgendermaßen definiert: Wenn die Selbsterfahrungen eines anderen durch mich in der Art und Weise wahrgenommen werden, dass keine dieser Selbsterfahrungen danach unterschieden werden, ob sie meiner Wertschätzung mehr oder weniger wert sind, dann erlebe ich bedingungslose Wertschätzung für diese Person. Sich selbst wahrzunehmen als jemand, der bedingungslose Wertschätzung erhält, heißt, dass keine meiner Selbsterfahrungen vom anderen als mehr oder weniger seiner Wertschätzung wert eingeschätzt werden.

Um es einfacher auszudrücken: Wertschätzung für einen anderen empfinden, bedeutet, ihn „zu schätzen" *(prize)* (vgl. u. a. Dewey, Butler). Es bedeutet, eine Person zu schätzen, ungeachtet der verschiedenen Bewertungen, die man selbst ihren verschiedenen Verhaltensweisen gegenüber hat. Eltern „schätzen" ihr Kind, obwohl sie nicht gleichermaßen all seine verschiedenen Verhaltensweisen für gut befinden. Anerkennung ist ein weiterer Begriff in diesem Zusammenhang, jedoch beinhaltet er mehr irreführende Konnotationen als der von Standal geprägte Begriff. Im allgemeinen, so kann man jedenfalls sagen, sind Anerkennung und Wertschätzung synonym mit der bedingungslosen Wertschätzung.

Dieses Konstrukt wurde auf der Basis therapeutischer Erfahrungen entwickelt. Wir sind der Meinung, dass eines der entscheidenden Elemente in der therapeutischen Beziehung das der „Wertschätzung" des Therapeuten bzw. der Therapeutin für die gesamte Person des Klienten ist. Tatsächlich empfinden er bzw. sie und zeigen er bzw. sie bedingungslose Wertschätzung im Hinblick auf die Erfahrungen, vor denen der Klient sich fürchtet, oder deren er sich schämt. Und zwar in genau derselben Weise wie den Erfahrungen gegenüber, die den Klienten erfreuen und befriedigen. Nach unseren Erfahrungen hilft dies, Veränderungen herbeizuführen. Allmählich akzeptieren die Klienten ihre eigenen Erfahrungen mehr und mehr, was sie wiederum zu einer einheitlicheren oder kongruenteren Person macht, die sich effektiver zu verhalten weiß. Diese klinische Erfahrung wird, so hoffen wir, die Bedeutung dieser eng gefassten Definition erhellen.

31. Bewertungskomplex

Der Bewertungskomplex *(regard complex)* ist ein von Standal definiertes Konstrukt. Es meint all jene Selbsterfahrungen – einschließlich ihrer Zusammenhänge –, von denen das Individuum erkannt hat, dass sie einen Beitrag zur Wertschätzung durch den anderen leisten.

Dieses Konstrukt betont die Gestaltnatur von Austauschprozessen, die positive oder negative Beachtung erfahren können sowie deren Wirkung. Wenn beispielsweise ein Elternteil dem bestimmten Verhalten seines Kindes Wertschätzung schenkt, dann stärkt dies das gesamte Muster der Wertschätzung, die das Kind zuvor mit diesem Elternteil erlebt hat. In ähnlicher Weise tendiert eine spezifische negative Beachtung dieses Elternteils dahin, die gesamte Konfiguration der Wertschätzung zu schwächen.

32. Selbst-Wertschätzung

Dieser Begriff benennt die mit der Wertschätzung einhergehende Befriedigung, die mit einer bestimmten Selbsterfahrung oder einem Selbsterfahrungsfeld assoziiert wurde. Diese Befriedigung ist unabhängig von den positiven Erlebnissen der Austauschprozesse mit anderen geworden. Zunächst muss wohl Wertschätzung durch andere erfahren werden. Daraus resultiert jedoch eine Einstellung sich selbst gegenüber, die nicht länger direkt abhängig von den Einstellungen der anderen ist: Das Individuum wird so sein eigenes signifikantes soziales Gegenüber.

33. Bedürfnis nach Selbst-Wertschätzung

Wir postulieren: Das Bedürfnis nach Selbst-Wertschätzung ist ein sekundäres, ein erlerntes Bedürfnis; es entsteht aus der Befriedigung des Bedürfnisses nach Wertschätzung durch andere.

34. Bedingungslose Selbst-Wertschätzung

Wenn das Individuum sich selbst in einer Art und Weise wahrnimmt, in der keine Selbsterfahrung als mehr oder weniger wert angesehen wird, dann erlebt es bedingungslose Selbst-Wertschätzung.

35. Bewertungsbedingungen

Wenn eine Selbsterfahrung oder ein Cluster von Selbsterfahrungen allein deshalb gemieden oder angestrebt werden, weil sie als mehr oder weniger wertvoll für die Selbst-Wertschätzung des Individuums eingeschätzt werden, dann ist die Selbststruktur charakterisiert durch eine Bewertungsbedingung.

Dieses wichtige Konstrukt wurde von Standal entwickelt, um es an die Stelle der „introjizierten Werte" zu setzen. Dieses früher benutzte Konzept ist weniger exakt. Eine Bewertungsbedingung entwickelt sich, wenn die Wertschätzung einer Bezugsperson an Bedingungen geknüpft ist, wenn das

Individuum erfährt, dass es in einigen Aspekten geschätzt wird, in anderen nicht. Allmählich wird diese Einstellung in den Komplex Selbstbezug assimiliert, und das Individuum bewertet eine Erfahrung als positiv oder negativ allein deshalb, weil diese Bewertungsbedingungen, die es von anderen übernommen hat, bestehen und nicht deshalb, weil die Erfahrungen förderlich oder hinderlich für den Organismus sind.

Dieser letzte Begriff verdient besondere Beachtung. Wenn ein Individuum bedingungslose Wertschätzung erfahren hat, dann wird eine neue Erfahrung in Abhängigkeit von ihrer Effektivität für die Erhaltung oder Förderung des Organismus geschätzt (oder auch nicht). Wenn jedoch die Werthaltung einer anderen Person „introjiziert" wurde, dann ist diese gelernte negative Wertung an eine Erfahrung gekoppelt, deren Beitrag für die Erhaltung oder Förderung des eigenen Organismus ohne Bedeutung ist. Dies ist ein wichtiges Beispiel einer nicht exakten Symbolisierung: Ein Individuum bewertet eine Erfahrung positiv oder negativ, als ob diese auf das Kriterium der Aktualisierungstendenz (bzw. des eigenen Organismus) bezogen wäre, obwohl sie es tatsächlich nicht ist. Eine Erfahrung kann so als organismisch befriedigend bewertet werden, obwohl sie es in Wirklichkeit nicht ist. Indem eine solche Bewertungsbedingung den Bewertungsprozess stört, hindert sie das Individuum, sich frei und effektiv zu verhalten.

36. Ort der Bewertung

Dieser Begriff wird benutzt, um den Entstehungsort der Bewertungen zu bezeichnen. Ein interner Bewertungsort, also innerhalb des Individuums selbst, bedeutet, dass das Individuum Zentrum des Bewertungsprozesses ist, dass es also der eigenen sinnlichen Erfahrung vertraut. Befindet sich der Bewertungsort in anderen Personen, dann wird deren Bewertung eines Objektes oder einer Erfahrung das Bewertungskriterium für das Individuum.

37. Organismischer Bewertungsprozess

Dieses Konzept beschreibt einen fortwährenden Prozess, in welchem Werte niemals endgültig fixiert sind, sondern Erfahrungen exakt symbolisiert und kontinuierlich in Hinblick auf die erlebte organismische Erfahrung bewertet werden. Der Organismus erlebt Befriedigung durch jene Stimuli oder Verhaltensweisen, die den Organismus und das Selbst erhalten und fördern und zwar gleichermaßen in der Gegenwart als auch auf lange Sicht. Die Aktualisierungstendenz ist hier das Kriterium. Das einfachste Beispiel ist ein Kind, das in einem Augenblick Essen schätzt und sich dann, wenn es satt ist, davor ekelt; oder in einem Augenblick Stimulation mag und ein wenig später Ruhe vorzieht, das schließlich Befriedigung bei einer Diät erfährt, die auf lange Sicht der Entwicklung am förderlichsten ist.

38. Innerer Bezugsrahmen

Hiermit wird die Gesamtheit der Erfahrungen bezeichnet, die dem Gewahrsein eines Individuums in einem bestimmten Augenblick erreichbar ist. Dieser Begriff umfasst die gesamte Breite von Empfindungen, Wahrnehmungen, Bedeutungen und Erinnerungen, die der Gewahrwerdung zugänglich sind. Der innere Bezugsrahmen ist die subjektive Welt des Individuums. Nur das Individuum allein kennt sie völlig. Diese innere Welt kann niemals durch einen anderen erfahren werden, es sei denn durch empathisches Einfühlen, jedoch auch dann niemals ganz.

39. Empathie

Empathisch zu sein bedeutet, den inneren Bezugsrahmen des anderen möglichst exakt wahrzunehmen, mit all seinen emotionalen Komponenten und Bedeutungen, gerade so, als ob man die andere Person wäre, jedoch ohne jemals die „als ob"-Position aufzugeben. Das bedeutet, Schmerz oder Freude des anderen zu empfinden, gerade so wie er empfindet, dessen Gründe wahrzunehmen, so wie er sie wahrnimmt, jedoch ohne jemals das Bewusstsein davon zu verlieren, dass es so ist, als ob man verletzt würde usw. Verliert man diese „als ob"-Position, befindet man sich im Zustand der Identifizierung.

40. Äußerer Bezugsrahmen

Von einem äußeren Bezugsrahmen aus wahrnehmen heißt: Alleiniges Wahrnehmen vom eigenen subjektiven Bezugsrahmen ohne empathischen Bezug zum Objekt oder der Person. Die denkpsychologische Schulrichtung des „empty organism" ist dafür ein Beispiel. So sagt ein Beobachter, ein Tier sei stimuliert worden, wenn dieses einer Bedingung ausgesetzt wurde, die im subjektiven Bezugsrahmen des Beobachters einen Reiz darstellt. Es wird nicht versucht, empathisch zu verstehen, ob dies auch ein Reiz im Erfahrungsfeld des Tieres ist. In ähnlicher Weise berichtet der Beobachter, dass das Tier reagiert, immer wenn ein Phänomen auftritt, das im subjektiven Feld des Beobachters eine Reaktion darstellt.

Im Allgemeinen betrachten wir alle „Objekte" (Steine, Bäume oder Abstraktionen) von diesem äußeren Bezugsrahmen aus, da wir annehmen, dass diese keine Erfahrungen aufweisen, die wir empathisch teilen können. Auf der anderen Seite bedeutet dies, dass alles, was wir von diesem äußeren Bezugsrahmen aus wahrnehmen, sei es ein lebloses Ding, ein Tier oder eine Person, zum „Objekt" wird, weil wir keinen empathischen Bezug zu ihm aufnehmen.

Dieses Cluster der drei Arten von Wissen bedarf weiterer Ergänzungen. Wenn wir uns mit dem Wissen von Menschen befassen, dann kann man sagen, dass diese Arten von Wissen auf einem Kontinuum existieren. Dieses reicht von der völligen Subjektivität innerhalb des eigenen Bezugsrahmens bis zur völligen Subjektivität über den anderen (nämlich den äußeren Bezugsrahmen). Dazwischen liegt eine ganze Palette empathischer Bezüge, die das subjektive Feld des anderen betreffen.

Jede dieser Arten von Wissen ist im Wesentlichen eine Formulierung von Hypothesen. Der Unterschied liegt lediglich in der Art, wie diese Hypothesen überprüft werden. Innerhalb meines eigenen inneren Bezugsrahmens kann ich Liebe oder Hass, Freude oder Unbehagen, Interesse oder Langeweile, Glaube oder Unglaube empfinden – die einzige Art und Weise, wie ich diese Hypothesen überprüfen kann, besteht darin, dass ich mich weiter auf meine eigene Erfahrung konzentriere. Liebe ich ihn wirklich? Freue ich mich wirklich darüber? Glaube ich dies wirklich? Dies sind Fragen, die ich nur beantworten kann, indem ich sie mit meinem eigenen Organismus überprüfe. (Wenn ich herauszufinden versuche, ob ich ihn liebe, indem ich mich selbst mit den Augen der anderen sehe, dann sehe ich mich selbst als ein Objekt an, dann sehe ich mich selbst von einem äußeren Bezugsrahmen aus.)

Obwohl letztlich jedes Individuum in und mit seinem subjektiven Wissen lebt, wird dies in unserer Gesellschaft nicht als „Wissen" angesehen, schon gar nicht im Sinne der Wissenschaft.

Wissen, das irgendeine Art von Gewissheit im sozialen Sinne aufweist, beinhaltet die Verwendung der empathischen Schlussfolgerung als dem Mittel der Überprüfung, wobei die Ausrichtung dieser Empathie unterschiedlich ist. Wenn die Erfahrung des empathischen Verstehens eine Quelle des Wissens für uns wird, dann heißt dies, dass jemand seine eigenen empathischen Schlussfolgerungen über das Objekt überprüft und somit die Schlussfolgerungen und Hypothesen, die implizit in dieser Empathie liegen, verifiziert oder verwirft. Es ist diese Art von Wissen, die wir in der Therapie als so fruchtbar erlebt haben. Empathische Schlussfolgerungen voll auszuschöpfen, führt zu einem Wissen über die subjektive Welt der Klienten, das die Grundlagen des Verhaltens und den Prozess der Persönlichkeitsveränderung besser verstehen lässt.

Eine Person vom äußeren Bezugsrahmen aus sehen heißt, unsere impliziten Hypothesen mit den Augen der anderen zu überprüfen, jedoch nicht mit denen des Subjekts, das wir meinen. So glaubt ein rigoroser Behaviorist, dass S ein Reiz für sein Versuchstier ist und R eine Response, weil seine Kolleginnen und Kollegen und sogar der Mann auf der Straße darin mit ihm übereinstimmen würden. Seine empathischen Schlussfolgerungen zieht er im Hinblick auf den internen Bezugsrahmen seiner Kollegen und nicht im Hinblick auf den internen Bezugsrahmen des Tieres.

Wissenschaft bedeutet, den äußeren Bezugsrahmen einzunehmen: Wir überprüfen grundsätzlich unsere Hypothesen durch empathische Schlussfolgerungen, die sich auf den internen Bezugsrahmen unserer Kolleginnen und Kollegen beziehen. Diese machen die gleichen Untersuchungen wie wir (entweder praktisch oder theoretisch), und wenn sie die gleichen Ereignisse und Bedeutungen erhalten, dann sehen wir unsere Hypothese als bestätigt an.

Der Grund für die Ausarbeitung dieser verschiedenen Arten von Wissen besteht darin, dass sie alle ihre eigene Nützlichkeit haben; Verwirrung tritt nur dann auf, wenn nicht klar ist, um welchen Typ von Wissen es sich im speziellen Falle handelt. In der nun folgenden Theorie der Therapie wird man bestimmte Bedingungen von Therapie finden, einige spezifiziert als subjektive Erfahrungszustände, andere als empathisches Wissen über die Klienten und schließlich die (natur-) wissenschaftliche Überprüfung von Hypothesen, die nur von einem äußeren Bezugsrahmen aus gesehen werden kann.

I. Theorie der Therapie und der Persönlichkeitsveränderung

Diese Theorie folgt dem „wenn-dann"-Paradigma. Wenn bestimmte Bedingungen existieren (unabhängige Variablen), dann kommt ein Prozess (abhängige Variable) in Gang, der bestimmte charakteristische Elemente aufweist. Wenn der Prozess (nun die unabhängige Variable) in Gang kommt, dann treten bestimmte Persönlichkeits- und Verhaltensveränderungen (abhängige Variable) auf. Dies wird im Einzelnen dargestellt.

In diesem und den folgenden Abschnitten werden die formalen Statements der Theorie kurz formuliert und in Kleindruck gesetzt. Die kursiv gesetzten Begriffe oder Sätze der formalen Statements sind in vorhergehenden Abschnitten definiert worden und werden vorausgesetzt. Die übrigen Abschnitte sind Erläuterungen und folgen nicht dem rigorosen Muster der formalen Statements.

A. Bedingungen des therapeutischen Prozesses

Damit sich ein therapeutischer Prozess entwickelt, müssen folgende Bedingungen vorhanden sein.

1. Zwei Personen befinden sich in *Kontakt*.
2. Die erste Person, die wir Klient nennen, befindet sich in einem Zustand der *Inkongruenz*; sie ist *verletzlich* oder *voller Angst*.
3. Die zweite Person, die wir den Therapeuten nennen, ist *kongruent* in der *Beziehung*.
4. Der Therapeut empfindet *bedingungslose Wertschätzung* gegenüber dem Klienten.

5. Der Therapeut *erfährt empathisch den inneren Bezugsrahmen* des Klienten.
6. Der Klient *nimmt* zumindest in geringem Ausmaße die Bedingungen 4 und 5 *wahr*, nämlich die *bedingungslose Wertschätzung* des Therapeuten ihm gegenüber und das *empathische Verstehen* des Therapeuten.

Anmerkungen: Dies scheinen die notwendigen Voraussetzungen für eine Therapie zu sein, obwohl andere Elemente häufig oder gewöhnlich ebenfalls vorhanden sind. Erfahrungsgemäß kommt der therapeutische Prozess eher in Gang, wenn der Klient ängstlich als bloß verletzlich ist. Ferner ist für die Entstehung eines Kontaktes oder einer Beziehung eine gewisse Zeitdauer erforderlich. Üblicherweise wird das empathische Verstehen bis zu einem gewissen Grade sprachlich ausgedrückt, ebenso wie es erfahren wird. Der Prozess beginnt jedoch häufig ausschließlich unter diesen minimalen Voraussetzungen, und wir stellen die Hypothese auf, dass er niemals *ohne* diese Bedingungen beginnt.

In unserer Theorie wird am häufigsten missverstanden, dass wir kein theoretisches Statement über die *Kommunikation* des empathischen Verstehens und der bedingungslosen Wertschätzung des Therapeuten bzw. der Therapeutin formuliert haben. Wir haben dies aus folgenden Überlegungen unterlassen: Die Kommunikationsabsicht der Therapeuten reicht nicht aus. Eine Mitteilung muss, um effektiv sein zu können, aufgenommen werden (wie in Punkt 6 erläutert). Die *Absicht* der Therapeuten ist nicht das Entscheidende, weil Kommunikation auch durch nebensächliche Bemerkungen oder einen unfreiwilligen Gesichtsausdruck entsteht. Wie dem auch sei, wenn man den kommunikativen Aspekt betonen möchte, der sicherlich ein wesentlicher Teil der lebendigen Erfahrung ist, dann kann Bedingung 6 wie folgt formuliert werden:

6. Die Kommunikation des Therapeuten über sein empathisches Verstehen und seine bedingungslose positive Beachtung gegenüber dem Klienten erreicht diesen zumindest ansatzweise.

Diese Bedingungen werden als ausreichend für die Therapie angesehen, unabhängig von Besonderheiten der Klienten, was die konventionellen Therapeuten wohl am meisten überraschen wird. Obwohl die therapeutische Beziehung von verschiedenen Klienten unterschiedlich genutzt wird, ist bis heute unsere Erfahrung, dass es weder nötig noch hilfreich ist, die Beziehung in bestimmter Weise für bestimmte Kliententypen zu manipulieren. Im Gegenteil: Eine solche Vorgehensweise zerstört nach unserer Ansicht den hilfreichsten und bedeutendsten Aspekt der Erfahrung, nämlich dass es sich um eine echte Beziehung zweier Personen handelt, in der beide nach besten Kräften bemüht sind, in der Interaktion sie selbst zu sein.[2]

Der entscheidende Aspekt des Theorieteils bezieht sich auf Punkt 3, die Kongruenz oder Echtheit des Therapeuten in der Beziehung. Dies bedeutet, dass die Symbolisierungen der Erfahrungen der Therapeuten in der Beziehung exakt sein müssen, wenn die Therapie effektiv sein soll. Wenn Therapeuten Bedrohung und Unbehagen empfinden, sich jedoch nur der Akzeptanz und des Verstehens bewusst sind, sind sie in der Beziehung nicht kongruent, worunter die Therapie leidet. Allein entscheidend ist, dass sie exakt „sie selbst" in der Beziehung sind, was immer das Selbst in diesem Moment auch sein mag.

Sollte der Therapeut bzw. die Therapeutin auch die exakte Symbolisierung ihrer eigenen Erfahrung mitteilen? Die Antwort auf diese Frage ist noch immer unsicher. Gegenwärtig würden wir sagen, dass dann solche Gefühle mitgeteilt werden sollten, wenn der Therapeut ständig auf seine eigenen und nicht auf die Gefühle des Klienten konzentriert ist, so dass die Erfahrung des empathischen Verstehens erheblich reduziert oder eliminiert ist; oder wenn der Therapeut ständig andere Gefühle als die der bedingungslosen *Wertschätzung* empfindet. Nur durch die Überprüfung der impliziten Hypothesen kann festgestellt werden, ob diese Ansicht zutrifft. Diese Überprüfung ist jedoch nicht einfach, weil der erforderliche Mut selbst bei erfahrenen Therapeuten häufig fehlt. Wenn der Therapeut nämlich Gefühle der Art empfindet: „Ich fürchte, Sie könnten in eine Psychose rutschen" oder „Ich fürchte mich, weil Sie Gefühle berühren, mit denen ich selbst noch nie fertig geworden bin", dann ist es äußerst schwierig, diese Hypothese zu testen, da es sehr problematisch für den Therapeuten ist, solche Gefühle auszudrücken.

Eine weitere Frage taucht auf: Sind Kongruenz, Ganzheit, Integriertsein des Therapeuten in der Beziehung von Bedeutung, oder sind die spezifischen Haltungen des empathischen Verstehens und der bedingungslosen *Wertschätzung* die entscheidenden Aspekte? Wiederum kann eine abschließende Antwort nicht gegeben werden. Wir können hier vorläufig nur soviel sagen: Damit Therapie in Gang kommt, ist die Ganzheit des Therapeuten

---

[2] Möglicherweise muss dieser Absatz neu geschrieben werden, wenn eine kürzlich von Kirtner (42) vorgelegte Studie Bestätigung findet. Kirtner hat bei einer Gruppe (26 Fälle) des Counseling Centers der Universität Chicago festgestellt, dass es erhebliche Unterschiede zwischen den Klienten hinsichtlich ihrer Art und Weise gibt, mit Lebensproblemen umzugehen und dass diese Unterschiede mit dem Therapieerfolg zusammenhängen: Der Klient, der sein Problem als Beziehungsproblem definiert, sich daran beteiligt sieht und dies zu ändern wünscht, wird eher erfolgreich sein. Der Klient jedoch, der sein Problem externalisiert und wenig Selbstverantwortung empfindet, wird eher scheitern. Diese Ergebnisse legen nahe, unterschiedliche therapeutische Vorgehensweisen anzubieten, um Persönlichkeitsveränderungen möglich zu machen. Sollte sich diese bestätigen, dann wird die Theorie entsprechend überarbeitet werden.

in der Beziehung von primärer Bedeutung, jedoch sollte ein Teil seiner Kongruenz in der Erfahrung der bedingungslosen *Wertschätzung* und des empathischen Verstehens bestehen.

Ein weiterer wesentlicher Punkt ist die Betonung der Erfahrung *in der Beziehung*. Man kann nicht erwarten, dass der Therapeut ständig völlig kongruent ist. Wäre dies eine notwendige Bedingung, gäbe es keine Therapie. Es reicht aus, wenn er in diesem besonderen Augenblick der unmittelbaren Beziehung mit seinem spezifischen Gegenüber ganz und gar er selbst ist, wenn er die Erfahrung dieses Augenblicks exakt symbolisiert und in sein Selbstbild integriert. So kann man erklären, dass Menschen mit Problemen anderen Menschen mit Problemen therapeutisch helfen können.

Die Formulierung dieser Bedingungen als entweder-oder-Elemente ist von besonderem Nachteil, da die Bedingungen 2 bis 6 als Kontinua zu begreifen sind. Zu einem späteren Zeitpunkt werden wir vielleicht sagen können, dass der Therapeut bzw. die Therapeutin in der Beziehung echt oder kongruent in diesem oder jenem Ausmaße sein soll. Gegenwärtig können wir nur hervorheben, dass, je deutlicher die Bedingungen 2 bis 6 hervortreten, der Therapieprozess umso sicherer in Gang kommen wird und das Ausmaß der Reorganisation umso größer sein wird. Diese Funktion kann zum gegenwärtigen Zeitpunkt nur qualitativ formuliert werden.

Ergebnisse: Bestätigende Ergebnisse, besonders zu Punkt 5, findet man in den Studien von Fiedler (19, 20) und Quinn (52). Fiedlers Studie ergab, dass erfahrene Therapeuten verschiedener Schulrichtungen Beziehungen ermöglichten, in denen die Fähigkeit am wichtigsten war, die Mitteilungen des Klienten in der Bedeutung zu verstehen, die sie für diesen hatten. Quinn fand, dass die Qualität der Kommunikation der Therapeuten von entscheidender Bedeutung für die Therapie war. Diese Studien unterstreichen die Bedeutung des empathischen Verstehens.

Seeman (75) fand, dass eine Zunahme der Sympathie des Beraters gegenüber dem Klienten während der Therapie von wesentlicher Bedeutung für den therapeutischen Erfolg war. Sowohl Seeman als auch Lipkin (44) berichten, dass Klienten, die die Empathie des Therapeuten bemerkten, erfolgreicher waren. Diese Studien bestätigen Bedingung 4 (bedingungslose *Wertschätzung*) und Bedingung 6 (die Wahrnehmung dieser bedingungslosen *Wertschätzung* durch den Klienten).

Obwohl klinische Erfahrungen Bedingung 2 (die Verletzlichkeit oder Angst des Klienten) unterstützen, gibt es hierzu bisher wenige Untersuchungen. Die Studie von Gallagher (21) weist darauf hin, dass Klienten mit weniger Angst dazu tendieren, sich nicht auf die Therapie einzulassen, sondern auszusteigen.

B. Der Therapieprozess

Wenn die genannten Bedingungen verwirklicht sind und bestehen bleiben, dann kommt ein Prozess in Gang, der folgende charakteristische Entwicklungen zeigt:

1. Der Klient kann seine *Gefühle* zunehmend freier ausdrücken, sei es verbal oder durch körperliche Ausdrucksformen.
2. Seine ausgedrückten Gefühle haben zunehmend mehr Bezug zu seinem *Selbst* als zum Nicht-Selbst.
3. Er unterscheidet zunehmend besser die Objekte seiner *Gefühle* und *Wahrnehmungen* (seine Umgebung, andere Personen, sein *Selbst*, seine eigenen *Erfahrungen* und all ihre Beziehungen untereinander). Er wird zunehmend weniger *intensional* und mehr *extensional* in seinen *Wahrnehmungen*, d.h. seine Erfahrungen werden zunehmend *exakter symbolisiert*.
4. Die *Gefühle*, die der Klient zum Ausdruck bringt, haben zunehmend mehr Bezug zur *Inkongruenz* zwischen bestimmten *Erfahrungen* und seinem *Selbstkonzept*.
5. Der Klient wird sich zunehmender Bedrohung durch diese *Inkongruenz* bewusst.
    a) Die *Erfahrung dieser* Bedrohung ist wegen der *bedingungslosen Wertschätzung* des Therapeuten möglich, da sich diese sowohl auf die *Inkongruenz* als auch auf die *Kongruenz* bezieht, sowohl auf die *Angst* als auch auf Abwesenheit von *Angst* erstreckt.
6. Der Klient *erfährt* vollständig im Gewahrsein Gefühle, die in der Vergangenheit *der Gewahrwerdung nicht zugänglich* waren oder nur *entstellt gewahr* werden konnten.
7. Sein *Selbstkonzept* wird reorganisiert, so dass diese Erfahrungen, die früher *entstellt* worden sind oder *keinen Zugang zum Gewahrsein* hatten, assimiliert und aufgenommen werden.
8. Indem die Reorganisation der *Selbststruktur* voranschreitet, wächst die *Kongruenz* von Selbstkonzept und *Erfahrung*; das *Selbst* beinhaltet nun *Erfahrungen*, die früher für die *Gewahrwerdung zu bedrohlich* waren.
    a) In der Folge treten immer weniger *Wahrnehmungsverzerrungen* auf, immer weniger *Erfahrungen* sind der *Gewahrwerdung* vorenthalten, weil immer weniger *Erfahrungen* bedrohlich sind. Anders ausgedrückt: Die *Abwehr* nimmt ab.
9. Der Klient kann zunehmend die *bedingungslose Wertschätzung* des Therapeuten ohne *Bedrohungsgefühl* erleben.
10. Er empfindet in zunehmendem Maße eine b*edingungslose Selbst-Wertschätzung*.
11. Er *erfährt* sich zunehmend als *Ort seiner eigenen Bewertung*.

12. Er reagiert auf *Erfahrungen* immer weniger im Sinne seiner *Bewertungsbedingungen*, sondern zunehmend im Sinne seines organismischen *Bewertungsprozesses.*

Anmerkungen: Wir können nicht mit Sicherheit behaupten, dass dies alles *notwendige* Bedingungen des Therapieprozesses sind, obwohl sie sicherlich charakteristisch sind. Sowohl von der Erfahrung als auch von der Logik der Theorie ausgehend sind 3, 6, 7, 8, 10 und 12 notwendige Elemente des Prozesses. Item 5a ist kein logischer theoretischer Schritt, sondern eine erläuternde Beifügung.

Das, was die Leser zweifellos am meisten irritieren wird, ist das Fehlen von Erklärungsmechanismen. Wir möchten deshalb unsere wissenschaftliche Absicht anhand eines Beispiels erläutern: *Wenn* jemand ein Eisenstück magnetisiert, und *wenn* man dieses Eisenstück frei rotierend befestigt, *dann* wird es Richtung Norden zeigen; dies ist eine Feststellung der wenn-dann-Art, die tausendmal bewiesen worden ist. Warum geschieht dies? Es gibt verschiedene theoretische Antworten, und trotzdem würde man auch heute nicht ohne Zögern sagen, dass wir mit Sicherheit wissen, *warum* dies geschieht. In gleicher Weise sage ich mit Bezug auf die Therapie: „Wenn die genannten Bedingungen existieren, dann treten die folgenden Ereignisse ein." Sicherlich haben wir eine Reihe von Annahmen darüber, warum dieser Zusammenhang existiert, so dass wir diese Annahmen zunehmend im Verlauf unserer Darstellung untermauern werden. Das grundlegende Element unserer Theorie besteht jedoch weiter darin: Wenn die genannten Bedingungen existieren, dann kommt der Therapieprozess in Gang, und die Ereignisse, die man *outcome* nennt, sind beobachtbar. Möglicherweise liegen wir mit unseren Erklärungen falsch. Meines Erachtens gibt es jedoch zunehmendes Faktenmaterial, das den beschriebenen Prozess belegt.

Ergebnisse: Es gibt immer mehr Ergebnisse unterschiedlicher Beweiskraft für eine Reihe dieser Punkte, die den therapeutischen Prozess beschreiben. Punkt 2 (zunehmende Selbst-*Wertschätzung*) wird unterstützt durch viele von uns berichtete Therapiefälle, wurde jedoch bisher keiner statistischen Überprüfung unterzogen. Stocks Untersuchung (82) unterstützt Punkt 3 (die auf den Klienten selbst bezogenen Äußerungen werden zunehmend objektiver und weniger emotional). Mitchell (47) berichtet, dass Klienten zunehmend extensionaler werden.

Objektive klinische Belege, die die Punkte 4, 5 und 6 bestätigen, sind in Form von Fallberichten von Rogers (67) vorgelegt worden.

Die Ergebnisse von Vargas (85) beziehen sich auf Punkt 7. Sie belegen, dass sich das Selbst im Sinne der Integration neuer Selbstwahrnehmungen reorganisiert. Hogan (36) und Haig (29) untersuchten die Abnahme der Abwehr während des Therapieprozesses (Punkt 8 a). Ihre Ergebnisse unterstützen die Annahme. Die Hypothese der zunehmenden Kongruenz von Selbst und Erfahrung wird durch eine ausgedehnte Einzelfallstudie von Rogers unterstützt (67). Chodorkoff berichtet, dass zunehmende Kongruenz mit abnehmender Abwehr einhergeht (10).

Punkt 10 (Anstieg der Selbst-*Wertschätzung*) wird überzeugend nachgewiesen in Untersuchungen von Snyder (79), Seeman (76), Raimy (55), Stock (82), Strom (83), Sheerer (78) und Lipkin (44). Die Entwicklung des Klienten (er erlebt sich zunehmend als den Ort seiner Bewertung) wird deutlich herausgearbeitet durch eine Untersuchung von Raskin (56) und außerdem unterstützt durch Hinweise von Sheerer (78), Lipkin (44) und Kessler (41).

C. Ergebnisse im Bereich der Persönlichkeit und des Verhaltens

Es gibt keine sinnvolle Unterscheidung zwischen Prozess und Ergebnis: Prozessmerkmale sind einfach Ausdifferenzierungen des Ergebnisses. Insofern hätten die folgenden Statements auch unter dem Kapitel Therapieprozess formuliert werden können. Aus Gründen des besseren Verständnisses wurden hier jedoch solche Veränderungen zusammengefasst, die man üblicherweise als Therapieergebnis beschreibt, oder die man außerhalb der therapeutischen Beziehung beobachten kann. Von diesen Veränderungen nehmen wir an, dass sie relativ dauerhaft sind:

1. Der Klient ist *kongruenter, offener für seine Erfahrung*, weniger in *Abwehr*.
2. Er ist folgerichtig realistischer, objektiver, *extensionaler* in seiner *Wahrnehmung*.
3. Es gelingt ihm besser, Probleme zu lösen.
4. Er ist *psychisch ausgeglichener*, näher an seinem eigenen Optimum.
    a) Dies gehört zur Veränderung seiner *Selbststruktur* und wird verstanden als deren Fortsetzung (s. B7, B8).
5. Als ein Ergebnis der zunehmenden Kongruenz von *Selbst* und *Erfahrung* (s. C4) nimmt die *Verletzlichkeit* durch *Bedrohungen* ab.
6. Als Folge von C2 (s. o.) wird das *Selbstideal* realistischer, erreichbarer.
7. Als Folge der Veränderungen (s. C4, C5) sind *Selbst* und *Selbstideal* kongruenter.
8. Als Folge der zunehmenden *Kongruenz* von *Selbst* und *Selbstideal* (s. C6) und der größer werdenden *Kongruenz* von *Selbst* und *Erfahrung* sind alle Arten von Spannungen reduziert: physiologische Spannungen, psychologische Spannungen und die speziellen psychologischen Spannungen, die als *Angst* definiert worden sind.
9. Die *positive Selbst-Wertschätzung* nimmt zu.
10. Der Klient *nimmt* den *Ort seiner Bewertungen* und den Ort seiner Entscheidung innerhalb seiner Selbst *wahr*.
    a) Als Folge aus C9 und C10 hat er mehr Selbstvertrauen und mehr Eigenverantwortung.

b) Als Folge aus C1 und C10 werden seine Werte durch den *organismischen Bewertungsprozess* bestimmt.
11. Als Folge aus C1 und C2 *nimmt* er andere realistischer und exakter *wahr*.
12. Er *erlebt* mehr *Akzeptanz* durch andere als Folge der abnehmenden Notwendigkeit, seine Wahrnehmungen der anderen zu verzerren.
13. Sein Verhalten verändert sich auf vielfältige Weise.
    a) Indem der Teil der *Erfahrung*, der in die *Selbststruktur* aufgenommen wird, ansteigt, steigt der Anteil des Verhaltens, den man als zum *Selbst* „gehörig" bezeichnen kann.
    b) In umgekehrtem Sinne: Die Anteile des Verhaltens, die als *Selbsterfahrungen* nicht angenommen werden, die als „nicht zu mir gehörig" empfunden werden, nehmen ab.
    c) Also *erlebt* der Klient sein Verhalten mehr unter eigener Kontrolle.
14. Das Verhalten des Klienten wird von anderen als sozialisierter, als *reifer* wahrgenommen.
15. Als Folge aus C1, C2 und C3 verhält er sich kreativer, neuen Situationen und neuen Problemen gegenüber flexibler und ist eher in der Lage, seine eigenen Absichten und Werte auszudrücken.

Anmerkungen: Die entscheidende Feststellung von Teil C ist Punkt 1. Die Punkte 2 bis 15 sind eigentlich explizierte Darstellungen der theoretischen Inhalte dieser Feststellung. Sie wurden hier ausformuliert, weil sie oft nicht genügend Beachtung finden, obwohl sie sich zwingend aus der Logik der Theorie ergeben.

Ergebnisse: Es gibt viele bestätigende, einige widersprüchliche und widerlegende Erkenntnisse zu den theoretischen Feststellungen über die Ergebnisse von Therapie. Grummon und John (28) bestätigen anhand von TAT-Untersuchungen die Abnahme der Abwehr. Hogan (36) und Haigh (29) tragen auch etwas an Beweismaterial zu diesem Punkt bei. Jonietz (38) und Mitchell (47) berichten von Veränderungen der Wahrnehmung in Richtung größerer Extensionalität.

Punkt 4 (Verbesserung der psychischen Ausgeglichenheit) erfährt Unterstützung durch Untersuchungen mit TAT, Rorschach-Belegen, Experten-Ratings und anderen Indizes (Dymond [15, 16], Grummon und John [28], Haimowitz [30], Muench [49], Mosak [48], Cowen und Combs [13]). Carr (8) allerdings fand in neun Fällen keine bestätigenden Rorschach-Veränderungen.

Rudikoff (73) berichtet, dass das Selbstideal erreichbarer erscheint (Punkt 6). Die zunehmende Übereinstimmung von Selbst und Selbstideal wurde von Butler und Haigh (7) und Hartley (33) berichtet; ihre Bedeutung für die Ausgeglichenheit wird von Hanion, Hofstaetter und O'Connor (32) unterstützt.

Die Abnahme physiologischer Spannungszustände in der Therapie wird von Thetford (84) und Anderson (1) bestätigt. Die Verringerung psychologischer Anspannung, wie sie im discomfort-relief-Quotienten nachgewiesen wird, wird von verschiedenen Untersuchern bestätigt: Assum und Levy (4), Cofer und Chance (12), Kauffman und Raimy (39), N. Rogers (72), Zimmerman (86).

Mehrfach wird der Anstieg der Selbst-*Wertschätzung* (B12, Ergebnisse) bestätigt. Die Veränderungen des Bewertungs- und Entscheidungsortes werden von Raskin (56) und Sheerer (78) bestätigt. Rudikoff (73) legte Ergebnisse vor, die andeuten, dass andere realistischer wahrgenommen werden. Sheerer (78) und Stock (82) und Rudikoff (73) zeigen, dass andere mit mehr Akzeptanz wahrgenommen werden (Punkt 11). Gordon und Cartwright (25) unterbreiten sehr komplexe Ergebnisse, die jedoch generell diesen Punkt nicht unterstützen. In die gleiche Richtung (Abnahme der Akzeptanz) weisen die Ergebnisse von M. Haimowitz (30): Hier wird die Ablehnung von Minoritäten offener ausgedrückt.

Verhaltensveränderungen, wie in Punkt 13 und 14 beschrieben, werden von Rogers berichtet: Sowohl der Klient selbst als auch seine Freunde schätzten sein Verhalten als reifer ein. Dies bestätigte auch Hoffman (35) anhand von Berichten seiner Klienten. Die Studie von Jonietz (38) über projektive Untersuchungen mit Tintenklecks-Verfahren kann einige Unterstützung für die Aussage von Punkt 15 beisteuern.

Erläuterungen zur Theorie der Therapie. Es muss darauf hingewiesen werden, dass diese Theorie grundsätzlich keine intervenierenden Variablen beinhaltet. Die in A beschriebenen Bedingungen sind sämtlich operational definierbar. Einige haben in der Forschung bereits erste operationale Definitionen erhalten. Nach der Theorie gilt: Wenn A besteht, dann folgen B und C; wobei B und C messbare Ereignisse sind, die von A vorhergesagt werden. Ferner sollte auf die Logik der Theorie hingewiesen werden: Wenn A, dann B; wenn A, dann B und C; wenn A, dann C (unter Auslassung von B), wenn B, dann C (unter Auslassung von A).

Spezifizierungen der funktionalen Beziehungen: Zum gegenwärtigen Zeitpunkt können die funktionalen Beziehungen nur allgemein und in qualitativer Form gefasst werden. Je mehr die Bedingungen, wie in A beschrieben, verwirklicht sind, um so deutlicher und umfassender wird der Prozess des Wandels, wie in B beschrieben, sein; um so größer und umfassender werden die Veränderungen sein, wie in C spezifiziert. Allgemeiner ausgedrückt: Je größer das Ausmaß der Angst beim Klienten, je größer die Kongruenz des Therapeuten in der Beziehung, je größer seine Akzeptanz und Empathie und je deutlicher die Wahrnehmung dieser Elemente durch den Klienten, um so umfassender wird der Therapieprozess und um so größer werden die Persönlichkeits- und Verhaltensveränderungen sein. Um noch einmal zur Logik der Theorie zurückzukehren: Alles, was wir gegenwärtig sagen, ist

$B=(f)A \qquad C=(f)A \qquad B+C=(f)A \qquad C=(f)B$

Offensichtlich gibt es viele funktionale Wechselbeziehungen, die gegenwärtig nicht spezifiziert werden können. Zum Beispiel: Wenn die Angst groß ist, ist dann die Kongruenz der Therapeuten weniger notwendig? Es ist noch viel Forschungsarbeit in Hinblick auf die funktionalen Beziehungen zu leisten.

D. Einige Schlussfolgerungen, die sich auf die Natur des Menschen beziehen

Die oben formulierte Therapietheorie enthält implizit verschiedene Schlussfolgerungen über die Natur des Menschen. Hierzu bedarf es der Betrachtung der gleichen Hypothesen von einem veränderten Standpunkt aus. Es ist jedoch sinnvoll, sie explizit zu formulieren, weil sie erläuternde Hinweise auf die Einzigartigkeit, die diese Theorie besitzen mag, enthalten. Sie offenbaren ebenfalls den zwingenden Grund für die Entwicklung einer Persönlichkeitstheorie. Wenn das Individuum nämlich so ist, wie es in der Therapie erscheint, dann stellt sich die Frage, welche Theorie einem solchen Individuum angemessen ist.

Wir formulieren diese Schlussfolgerungen über die Natur des menschlichen Organismus:

1. Das Individuum besitzt die Fähigkeit mit *Gewahrsein* die Faktoren seiner *psychischen Fehlanpassung wahrzunehmen*, nämlich die *Inkongruenz* zwischen seinem Selbstkonzept und der Ganzheit seiner Erfahrungen.
2. Das Individuum besitzt die Fähigkeit und hat die Tendenz, sein *Selbstkonzept* zu reorganisieren; und zwar in der Weise, dass es *kongruenter* mit der Ganzheit seiner *Erfahrung* wird, so dass es sich von einem Zustand der *psychischen Fehlanpassung* zu einem Zustand der *psychischen Ausgeglichenheit* entwickelt.
3. Diese Fähigkeit und diese Tendenz, selbst wenn sie eher unterschwellig als offensichtlich sind, verwirklichen sich in jeder zwischenmenschlichen *Beziehung*, in der der Partner *kongruent* in der *Beziehung* ist, *bedingungslose positive Beachtung* gegenüber dem anderen erlebt, *empathisch* die Person erfährt und über diese Haltungen Kommunikation mit dem Individuum zustande kommt. (Dies sind natürlich die Charakteristiken, wie sie bereits unter Punkt IA 3, 4, 5, 6 gegeben sind.)

Diese Tendenz entwickeln wir in der folgenden Persönlichkeitstheorie zur Aktualisierungstendenz weiter.

Es ist offensichtlich, dass diese hypothetische grundsätzliche Fähigkeit von außerordentlicher psychologischer und philosophischer Bedeutung ist. Psychotherapeutisch behandeln bedeutet dann nämlich, die vorhandenen Fähigkeiten eines potentiell kompetenten Individuums zu fördern. Mit anderen Worten: Psychotherapie ist nicht eine professionelle Manipulation einer mehr oder weniger passiven Person[3]. Philosophisch bedeutet das, dass ein Individuum die Fähigkeit besitzt, sich zu leiten, zu regulieren und zu kontrollieren unter der Voraussetzung, dass bestimmte definierbare Bedingungen bestehen. Nur wenn diese Bedingungen fehlen, werden äußere Kontrolle und Regulation des Individuums erforderlich.

II. Persönlichkeitstheorie

Wir formulieren im Folgenden eine Theorie der Persönlichkeit und der Dynamik des Verhaltens, um die in Therapien gesammelten Erkenntnisse zu ordnen. Es soll jedoch zunächst noch einmal darauf hingewiesen werden, dass die eingangs formulierten Behauptungen der Theorie am weitesten außerhalb unserer Erfahrungsmöglichkeiten liegen und somit äußerst fragwürdig sind. Darauf folgend werden die Behauptungen dann den Therapieerfahrungen kontinuierlich angenähert. Die definierten Begriffe und Konstrukte sind auch hier kursiv gesetzt.

A. Postulate über das Wesen des Kindes

Wir setzen voraus, dass das Individuum während seiner Kindheit zumindest folgende Eigenschaften besitzt:

1. Das Kind nimmt seine *Erfahrung* als Realität wahr; seine *Erfahrung* ist seine Realität.
   a) Es besitzt somit ein potentiell größeres *Gewahrsein* über seine eigene Realität als irgendjemand sonst, weil niemand völlig seinen *inneren Bezugsrahmen* einnehmen kann.
2. Das Kind besitzt die Tendenz zur *Aktualisierung* seines Organismus.
3. Es interagiert mit seiner Realität im Sinne dieser grundsätzlichen *Aktualisierungstendenz*.
   Sein Verhalten ist der zielgerichtete Versuch des Organismus, seine erlebten Bedürfnisse nach *Aktualisierung* in der so *wahrgenommenen* Realität zu befriedigen.

---

[3] Um einem häufigen Missverständnis vorzubeugen, soll darauf hingewiesen werden, dass die ersten Überlegungen über die menschliche Fähigkeit der ständigen Arbeit mit Therapieklienten entwachsen sind. Dies war keine Vermutung oder Vorannahme, mit der wir unsere therapeutischen Bemühungen begannen. Ein kurzer persönlicher Abriss über die Art, in der sich mir diese Schlussfolgerung aufgedrängt hat, ist in einer autobiographischen Schrift (69) enthalten.

4. In dieser Interaktion verhält sich das Kind als organisiertes Ganzes, als eine Gestalt.
5. Es ist in einen *organismischen Bewertungsprozess* eingebunden, der die *Erfahrungen* an der *Aktualisierungstendenz* misst. *Erfahrungen*, die als den Organismus erhaltend oder fördernd *wahrgenommen* werden, werden positiv bewertet; solche, die die Erhaltung oder Förderung stören, negativ.
6. Das Kind strebt nach den von ihm positiv bewerteten *Erfahrungen* und wendet sich von den negativ bewerteten ab.

Anmerkungen: In dieser formalen Betrachtungsweise besitzt das Kind wie alle Lebewesen ein inhärentes Motivationssystem und ein Regulationssystem (den organismischen Bewertungsprozess), das durch seine „Rückmeldungen" den Organismus auf die Befriedigung seiner motivationalen Bedürfnisse ausrichtet. Das Kind lebt in einer Umgebung, die theoretisch betrachtet nur in ihm selbst existiert, die es sozusagen selbst erschaffen hat.

Dieser letzte Punkt bereitet einigen Leuten große Schwierigkeiten. Er besagt nämlich, dass die Wahrnehmung der Umgebung diese selbst konstituiert, gleichgültig, in welchem Verhältnis diese zur „wirklichen" Wirklichkeit steht, wie wir sie philosophisch postulieren können. Zum Beispiel kann das Kind von einer freundlichen, liebevollen Person aufgenommen werden. Wenn es jedoch diese Situation als fremd und furchterregend erfährt, dann ist es diese Wahrnehmung, die sein Verhalten bestimmt und nicht die „Realität" oder ein „Stimulus". Die Beziehung zur Umwelt ist sicherlich eine transaktionale, und wenn die fortwährende Erfahrung der anfänglichen Wahrnehmung widerspricht, dann wird sich mit der Zeit die Wahrnehmung verändern. Jedoch ist die wahrgenommene Realität die für das Individuum eigentliche, die sein Verhalten beeinflusst. Wir können von dieser Position aus theoretisch operieren, ohne die äußerst schwierige Frage nach der „wirklichen" Realität zu beantworten.

Wir möchten ergänzen, dass wir hier nicht versuchen, die Ausstattung des Neugeborenen, mit der es der Welt gegenübertritt, vollständig zu benennen. Ob es Instinkte besitzt oder z. B. einen Saugreflex oder ein angeborenes Bedürfnis nach Zuwendung, sind Fragen von großem Interesse, deren Beantwortung für die Theorie der Persönlichkeit hier jedoch unwesentlich zu sein scheint.

B. Die Entwicklung des Selbst

1. In Übereinstimmung mit der Tendenz zur Differenzierung, die ein Teil der *Aktualisierungstendenz* ist, wird ein Teil der *Erfahrungen* des Individuums in einem *Gewahrsein* des Seins und des Handelns symbolisiert. Diese Art von Gewahrsein wird als *Selbsterfahrung* bezeichnet.

2. Dieses *Gewahrsein* des Seins und des Handelns entwickelt sich durch *Interaktion* mit der Umwelt – und hier besonders durch zwischenmenschliche Erfahrungen – zum *Selbstkonzept*, einem Wahrnehmungsobjekt im eigenen *Erfahrungsfeld*.

Anmerkungen: Dies sind die logischen Anfangsschritte in der Entwicklung des Selbst. Es ist dies jedoch keinesfalls der Weg der Konstruktentwicklung in unseren Überlegungen, wie er im Abschnitt Definitionen aufgezeigt worden ist (siehe den „Exkurs über die Fallgeschichte eines Konstruktes").

C. Das Bedürfnis nach positivem Bezug

1. Mit dem Gewahrsein des Selbst entwickelt das Individuum das *Bedürfnis nach Wertschätzung*. Dieses Bedürfnis ist ein Wesenszug des Menschen. Es ist allgegenwärtig. Ob es ein angeborenes oder erlerntes Bedürfnis ist, ist für die Theorie unwichtig. Standal (80), der dieses Konzept formulierte, nimmt an, dass es erlernt ist.
   a) Die Befriedigung dieses Bedürfnisses ist notwendigerweise abhängig von Rückschlüssen, die mit dem Erfahrungsfeld eines anderen zu tun haben.
   (1) Folglich ist die Befriedigung oft nicht eindeutig.
   b) Sie ist verbunden mit einer großen Spannbreite der *Erfahrungen* des Individuums.
   c) Sie ist wechselseitig: Erfährt ein Individuum sich selbst als jemanden, der das Bedürfnis nach *Wertschätzung* eines anderen befriedigt, dann erfährt es notwendigerweise Befriedigung seines eigenen Bedürfnisses nach *Wertschätzung*.
   (1) So ist die Befriedigung dieses Bedürfnisses in zweifacher Weise befriedigend: Es befriedigt das Bedürfnis nach Wertschätzung beim anderen, und eben diese Befriedigung erlebt man selbst wieder als Befriedigung.
   d) Diese Bedürfnisbefriedigung ist von großer Wirkung: Die *Wertschätzung* durch einen anderen wird dem gesamten *Bewertungskomplex*, den das Individuum mit diesem anderen verbindet, unterlegt.
   (1) Folglich kann der Ausdruck der Wertschätzung durch einen anderen von größerer Bedeutung sein als der *organismische Bewertungsprozess*; das Individuum richtet sich mehr nach der *Wertschätzung* anderer aus als nach den *Erfahrungen*, die von positivem Wert für die Aktualisierung des Organismus sind.

D. Die Entwicklung des Bedürfnisses nach Selbstbeachtung

1. Die Befriedigungen oder Versagungen des Bedürfnisses nach Wertschätzung werden verknüpft mit einer bestimmten *Selbsterfahrung* oder einer Gruppe von *Selbsterfahrungen*. Sie werden schließlich vom Individuum unabhängig von konkreten Interaktionen mit einem anderen erlebt. *Wertschätzung* auf diese Weise *erlebt* bezeichnen wir als Selbst-Wertschätzung.
2. Das *Bedürfnis nach Selbst-Wertschätzung* entwickelt sich als ein gelerntes Bedürfnis. Es entsteht aus der Verknüpfung von Selbsterfahrungen mit Befriedigungen oder Versagungen des *Bedürfnisses nach Wertschätzung*.
3. Das Individuum *erlebt* schließlich *Wertschätzung* oder den Verlust von *Wertschätzung* unabhängig von Austauschprozessen mit einem anderen. Es wird dadurch sozusagen sein eigenes Gegenüber.
4. Wie die *Wertschätzung*, so ist auch die Selbst-Wertschätzung, die wir im Zusammenhang mit bestimmten *Selbsterfahrungen* oder einem Cluster von *Selbsterfahrungen* erleben, eingebunden in den Gesamtkomplex der *Selbstbewertung*.

E. Die Entwicklung von Bewertungsbedingungen

1. Wenn die *Selbsterfahrungen* des Individuums von anderen danach unterschieden werden, ob sie der *Wertschätzung* wert sind oder nicht, entwickelt sich die *Selbst-Wertschätzung* in ähnlicher Weise selektiv.
2. Wenn eine *Selbsterfahrung* allein deshalb vermieden (oder gesucht) wird, weil sie weniger (oder mehr) von Bedeutung für die *Selbst-Wertschätzung* ist, dann sagt man, dass das Individuum eine *Bewertungsbedingung* entwickelt hat.
3. Würde ein Individuum nur *bedingungslose Wertschätzung erleben*, dann würde es keine *Bewertungsbedingungen* entwickeln, die *Selbst-Wertschätzung* wäre bedingungslos, die Bedürfnisse nach *Wertschätzung* und *Selbst-Wertschätzung* würden niemals von der *organismischen Bewertung* abweichen, und das Individuum wäre so fortwährend *psychisch angepasst*, in diesem Sinne „fully functioning". Diese Ereigniskette ist grundsätzlich möglich und deshalb von theoretischer Bedeutung, wenngleich sie in Wirklichkeit nicht auftritt.

Anmerkungen: Dies ist ein wichtiger Abschnitt in der Persönlichkeitsentwicklung, wie sie Standal (80) ausführlicher behandelt. Vielleicht ist es hilfreich, diesen Entwicklungsabschnitt durch eine bildhaftere, allerdings weniger exakte Darstellung zu erläutern.

Das Kind lernt, Liebe zu benötigen. Liebe ist sehr befriedigend. Jedoch um zu wissen, ob es Liebe erhält oder nicht, muss das Kind das Gesicht, die Gestik und andere mehrdeutige Zeichen der Mutter beobachten. Es entwickelt eine „Gestalt" über die Art und Weise, wie es von der Mutter behandelt wird, und jede neue Erfahrung von Liebe oder Zurückweisung wird diese Gestalt beeinflussen. Folglich wird jedes Verhalten von Seiten der Mutter, wie z. B. die Missbilligung eines bestimmten Verhaltens, als allgemeine Missbilligung erfahren. Dies ist so wichtig für das Kind, dass es in seinem Verhalten schließlich nicht mehr durch das Ausmaß, in dem seine Erfahrung den Organismus erhält oder fördert, gesteuert wird, sondern durch die Wahrscheinlichkeit, mit der es mütterliche Liebe erhält.

Bald lernt das Kind, sich in gleicher Weise zu sehen: Entweder mag es sich, oder es lehnt sich ab. Es wird schließlich sich selbst und sein Verhalten in der Weise sehen, wie es von anderen gesehen wurde, doch jetzt völlig unabhängig von der Mutter und den anderen. Dies bedeutet, dass einige Verhaltensweisen als positiv erachtet werden, die nicht wirklich als organismisch befriedigend erlebt werden. Andere Verhaltensweisen werden negativ bewertet, obwohl sie nicht wirklich als unbefriedigend erfahren worden sind. Wenn das Kind sich schließlich in Übereinstimmung mit diesen „introjizierten" Werten verhält, dann sagen wir, dass es Bewertungsbedingungen erworben hat. Es kann sich selbst nicht positiv sehen, sich selbst nicht für wertvoll erachten, wenn es nicht im Sinne dieser Bewertungsbedingungen lebt. Es vermeidet oder bevorzugt bestimmte Verhaltensweisen allein wegen dieser verinnerlichten Raster der Selbstbeachtung, völlig ohne Rücksicht auf die organismischen Konsequenzen dieses Verhaltens. Dies ist gemeint, wenn man davon spricht, dass jemand nach den Bedingungen „introjizierter Bewertungen" (so die früher benutzte Formulierung) oder nach Bewertungsbedingungen lebt.

Es ist theoretisch nicht zwingend, dass eine solche Entwicklung stattfindet. Wenn das Kind sich immer angenommen fühlt, wenn seine eigenen Empfindungen immer akzeptiert werden, selbst dann, wenn es in seinem Verhalten behindert wird, dann würden keine Bewertungsbedingungen entstehen. Dies könnte theoretisch zustande kommen, wenn die elterliche Einstellung etwa folgender Art wäre: „Ich kann verstehen, wie sehr befriedigend es für dich ist, deinen kleinen Bruder zu schlagen (oder immer und überall dorthin zu machen, wo du möchtest, oder Dinge zu zerstören), und ich liebe dich, und ich gönne dir diese Gefühle. Aber ich gönne mir meine Gefühle auch, und ich bin sehr ärgerlich, wenn dein Bruder verletzt wird (oder unglücklich, traurig über sonstige Verhaltensweisen), und deshalb lasse ich nicht zu, dass du ihn schlägst. Sowohl deine als auch meine Gefühle sind wichtig, und jeder von uns darf frei darüber verfügen." Wenn das Kind auf diese Weise in der Lage wäre, sich seine eigene organismische Bewertung jeder Erfahrung zu erhalten, dann würde sein Leben ein Ausbalancieren dieser Befriedigung sein. Das Kind könnte etwa so empfinden: „Ich schlage meinen kleinen Bruder gern. Das fühlt sich gut an. Ich mag nicht, wenn sich Mutter ärgert. Dies bereitet mir Unbehagen. Ich freue mich, wenn ich ihr gefalle." Insofern würde sein Verhalten manchmal die Befriedigung des Bedürfnisses, den Bruder zu schlagen, beinhalten, manchmal die Befriedigung, der Mutter zu gefallen. Das Kind wäre jedoch niemals gezwungen, seine Empfindungen der Befriedigung oder des Missbehagens, die es auf diese Weise erlebt, abzuleugnen.

F. Die Entwicklung der Inkongruenz zwischen Selbst und Erfahrungen

1. Wegen des Bedürfnisses nach *Selbst-Wertschätzung* nimmt das Individuum seine *Erfahrungen* selektiv *wahr*, entsprechend den *Bewertungsbedingungen*, die in ihm entstanden sind.
    a) Erfahrungen, die in Übereinstimmung mit diesen *Bewertungsbedingungen* sind, werden *wahrgenommen* und korrekt im *Gewahrsein* symbolisiert.
    b) Erfahrungen, die den *Bewertungsbedingungen* widersprechen, werden selektiv *wahrgenommen* oder entstellt, gerade so, als ob sie den *Bewertungsbedingungen* entsprechen würden, oder sie werden teilweise oder ganz dem *Gewahrsein* verweigert.
2. Folglich tauchen einige Erfahrungen im Organismus auf, die nicht als Selbsterfahrungen erkannt werden, die nicht korrekt *symbolisiert* und in der *Selbststruktur* nicht korrekt *symbolisiert* eingearbeitet sind.
3. Vom Zeitpunkt der ersten selektiven *Wahrnehmung* im Sinne dieser *Bewertungsbedingungen* an bestehen in gewissem Grade Zustände von *Inkongruenz zwischen Selbst und Erfahrung*, von *psychischer Fehlanpassung* und *Verletzlichkeit*.

Anmerkungen: Wegen der verzerrten Wahrnehmungen, die durch die Bewertungsbedingungen entstehen, verliert das Individuum seine integrierte Persönlichkeit, die seine Kindheit charakterisierte. Von diesem Zeitpunkt an beinhaltet sein Selbstkonzept verzerrte Wahrnehmungen, die nicht korrekt seine Erfahrungen darstellen. Seine Erfahrungen beinhalten Elemente, die nicht im Bild seines Selbst enthalten sind. Von da ab kann es nicht mehr länger als eine einheitliche ganze Person leben, weil verschiedene Teilfunktionen in den Vordergrund treten. Bestimmte Erfahrungen werden zunehmend für das Selbst bedrohlich. Um die Selbststruktur aufrechtzuerhalten, werden Abwehrreaktionen erforderlich. Das Verhalten wird zeitweise durch das Selbst, dann wieder durch Aspekte der organismischen Erfahrung gesteuert, die nicht im Selbst enthalten sind. Die Persönlichkeit ist fortan geteilt, begleitet von all den Spannungen und unangepassten Verhaltensweisen, die mit einem solchen Mangel an Einheitlichkeit einhergehen.

Dies ist aus unserer Sicht die grundlegende Entfremdung im Menschen. Er ist nicht er selbst; er ist seinen natürlichen organismischen Bewertungen der Erfahrungen untreu. Nur um sich die *Wertschätzung* der anderen zu erhalten, verfälscht er einige wertvolle Erfahrungen und nimmt sie lediglich auf der Ebene der Bewertungen anderer wahr. Jedoch ist dies keine bewusste Entscheidung, sondern eine natürliche, ja tragische Entwicklung während der Kindheit. Der Weg der Entwicklung Richtung psychischer Reife, der Weg der Therapie, besteht in der Aufhebung dieser Entfremdung des menschlichen Handelns, der Auflösung der Bewertungsbedingungen, der Erreichung eines Selbst, welches in Übereinstimmung mit der Erfahrung ist, die Wiederherstellung eines einheitlichen organismischen Bewertungsprozesses als dem Regulator des Verhaltens.

G. Die Entwicklung von widersprüchlichem Verhalten

1. Als Folge der Inkongruenz von Selbst und Erfahrung (F) entsteht eine gleichstrukturierte Inkongruenz im Verhalten des Individuums.
   a) Einige Verhaltensweisen sind mit dem *Selbstkonzept* vereinbar und erhalten, aktualisieren und fördern es somit.
   (1) Solche Verhaltensweisen sind *korrekt* im Gewahrsein *symbolisiert*.
   b) Einige Verhaltensweisen erhalten, fördern und aktualisieren jene Aspekte der Erfahrung des Organismus, die nicht Eingang in die *Selbststruktur* gefunden haben.
   (1) Diese Verhaltensweisen werden entweder als *Selbsterfahrungen* nicht zur Kenntnis genommen, oder sie werden in der Weise entstellt oder selektiv *wahrgenommen*, dass sie sich schließlich wieder in *Übereinstimmung* mit dem Selbst befinden.

H. Die Erfahrung von Bedrohung und der Prozess der Abwehr

1. Im Verlaufe der organismischen *Erfahrung* wird eine *Erfahrung*, die nicht in Übereinstimmung mit der Selbststruktur ist (und den darin enthaltenen *Bewertungsbedingungen*) unterschwellig als *bedrohlich wahrgenommen*.
2. *Bedrohung* ist grundsätzlich so beschaffen: Wenn eine bestimmte *Erfahrung korrekt* im *Gewahrsein symbolisiert* würde, könnte das *Selbstkonzept* nicht länger seine geschlossene Gestalt behalten, die *Bewertungsbedingungen* würden verletzt, und das *Bedürfnis* nach *Selbst-Wertschätzung* würde frustriert. Dies würde zu einem *Angstzustand* führen.
3. Der *Abwehrprozess* ist damit die Reaktion, die diese Ereignisse verhindert.
   a) Dieser Prozess besteht aus der selektiven *Wahrnehmung* oder der *Entstellung* von *Erfahrung* und/oder der *Verleugnung* von *Erfahrung*

vor dem *Gewahrsein,* so dass die totale Wahrnehmung der *Erfahrung* in Übereinstimmung mit der *Selbststruktur* und den *Bewertungsbedingungen* der Person bleibt.

4. Die generellen Konsequenzen dieses Prozesses der *Abwehr* sind, neben der Aufrechterhaltung der oben genannten Bedingungen, *Wahrnehmungsrigidität* (resultierend aus der Notwendigkeit der Verzerrung der *Wahrnehmung*) und ungenaue Realitäts*wahrnehmung*, resultierend aus der Verzerrung oder Unterdrückung von Information und *Intensionalität.*

Anmerkungen: Abschnitt G beschreibt die psychologische Basis für das, was wir üblicherweise als neurotisches Verhalten bezeichnen. Abschnitt H beschreibt die Mechanismen dieses Verhaltens. Von unserem Standpunkt aus erscheint es grundsätzlicher, wenn man von Abwehrverhalten (wie in diesen beiden Abschnitten beschrieben) und von desorganisiertem Verhalten (wie im Folgenden beschrieben) spricht. Der Begriff Abwehrverhalten beinhaltet nicht nur Verhaltensweisen, die üblicherweise als neurotisch bezeichnet werden (Rationalisierung, Kompensation, Phantasie, Projektion, Zwänge, Phobien u. a.), sondern auch einige Verhaltensweisen, die üblicherweise psychotisch genannt werden, besonders paranoides Verhalten und möglicherweise auch katatone Zustände. Die Kategorie des desorganisierten Verhaltens beinhaltet viel von den „unsinnigen und psychotischen" Verhaltensweisen, wie wir im Folgenden noch erklären werden. Wir sehen hierin noch eine grundlegendere Klassifizierung. Möglicherweise ist dies auch fruchtbar, wenn man an die Behandlungsmöglichkeiten denkt. Darüber hinaus kann dadurch jegliche Vorstellung von Neurose und Psychose als abgeschlossene Einheiten vermieden werden, was sich unserer Meinung nach als unglückliche und irreführende Konzeption herausgestellt hat.

Schauen wir uns einmal die Spannbreite defensiven Verhaltens von der einfachsten Form, die wir alle kennen, bis hin zu extremeren und lähmenden Varianten an. Nehmen wir zunächst die Rationalisierung („Ich habe diesen Fehler nicht wirklich gemacht. Er kam zustande, weil..."). Solche Entschuldigungen entstellen die Wahrnehmung des Verhaltens so, dass es wieder in Übereinstimmung mit dem Selbstkonzept ist (nämlich dem einer Person, die keine Fehler macht). Phantasie ist hier ein anderes Beispiel („Ich bin eine wunderschöne Prinzessin, und alle Männer bewundern mich"). Weil die tatsächliche Erfahrung bedrohlich für das Selbstkonzept ist (nämlich das einer adäquaten Person, in diesem Beispiel), wird diese Erfahrung abgeleugnet, und es entsteht eine neue symbolische Welt, die das Selbst bestärkt. Dadurch wird jedoch das Erkennen der wirklichen Erfahrung völlig vermieden. Handelt es sich bei der inkongruenten Erfahrung um ein sehr starkes Bedürfnis, aktualisiert sich der Organismus selbst, indem er Wege zum Ausdruck dieses Bedürfnisses findet. Dies wird dann jedoch in einer Art und Weise wahrgenommen, die mit dem Selbst übereinstimmt. Ein Individuum, dessen Selbstkonzept keine „schlechten" sexuellen Gedanken beinhaltet, könnte den Gedanken oder das Gefühl ausdrücken: „Ich bin rein, aber du versuchst mich dazu zu bringen, schmutzige Gedanken zu haben." Dies kann man als eine Projektion oder eine paranoide Idee bezeichnen. Hier kommt das organismische Bedürfnis nach sexueller Befriedigung zum Ausdruck, aber es ist in einer Weise ausgedrückt, dass dieses Bedürfnis dem Gewahrsein verborgen bleiben kann und so das Verhalten in Übereinstimmung mit dem Selbst wahrgenommen wird. Solche Beispiele können beliebig fortgesetzt werden, aber der entscheidende Punkt ist wohl klar: Die Inkongruenz zwischen Selbst und Erfahrung wird durch eine Verzerrung der Wahrnehmung von Erfahrung oder Verhalten aufgehoben. Oder sie wird dadurch aufgehoben, dass eine Erfahrung nicht bewusst wahrgenommen wird (Verhalten wird selten geleugnet, obwohl auch dies möglich ist) bzw. Entstellung und Verleugnung irgendwie kombiniert werden.

I. Der Prozess des Zusammenbruchs und der Desorganisation

Bis hierhin kann die Theorie der Persönlichkeit, wie sie formuliert wurde, mehr oder weniger auf jedes Individuum Anwendung finden. In diesem und im folgenden Abschnitt werden bestimmte Prozesse beschrieben, die nur dann zustande kommen, wenn besondere Bedingungen vorliegen.

1. Wenn bei einem Individuum ein hohes Ausmaß an *Inkongruenz* von *Selbst* und *Erfahrung* vorliegt, und wenn eine bestimmte Erfahrung, die diese *Inkongruenz* beinhaltet, plötzlich oder sehr deutlich in Erscheinung tritt, dann ist der *Abwehrprozess* des Organismus nicht in der Lage, erfolgreich zu operieren.
2. In der Folge wird *Angst* erlebt und die *Inkongruenz* unterschwellig *wahrgenommen*. Das Ausmaß der *Angst* ist abhängig vom Ausmaß der *Bedrohung der Selbststruktur*.
3. Bleibt der *Abwehrprozess* erfolglos, dann wird die *Erfahrung korrekt im Gewahrsein symbolisiert*, und die Gestalt der *Selbststruktur* zerbricht an dieser *gewahr gewordenen Erfahrung* von *Inkongruenz*. Hieraus resultiert ein Zustand der Desorganisation.
4. In einem solchen Zustand der Desorganisation verhält sich der Organismus manchmal in einer Art und Weise, die offen mit den Erfahrungen übereinstimmt, die bisher entstellt oder von der Gewahrwerdung ferngehalten wurden. Dann wieder gewinnt zeitweise das Selbst die Herrschaft, und der Organismus verhält sich so, dass er mit dem Selbst übereinstimmt. In solchen Zuständen der Desorganisation drückt sich die Spannung zwischen Selbstkonzept (einschließlich der entstellten Wahrnehmungen) und den Erfahrungen, die nicht korrekt

symbolisiert oder im Selbstkonzept eingeschlossen sind, in einer wechselnden Herrschaft aus: Einmal ist es das Selbstkonzept, dann wieder die organismische Befriedigung, die die Rückmeldung liefert, durch die der Organismus sein Verhalten reguliert.

Anmerkungen: Dieser Abschnitt ist, wie die weniger exakten Formulierungen zeigen, neu und vorläufiger Art und benötigt noch weitere Überlegungen. Seine Bedeutung kann durch verschiedene Beispiele erhellt werden.

Die Feststellungen 1 und 2 können durch angstauslösende Erfahrungen in Therapien oder durch akute psychotische Zusammenbrüche verdeutlicht werden. In der Freiheit der Therapie, in der das Individuum mehr und mehr sich selbst ausdrückt, ist es im Begriff, Gefühle zuzulassen, die offensichtlich und unleugbar wahr sind, die jedoch in krassem Widerspruch zu der bisherigen Konzeption seines Selbst stehen (62, S. 78–80, ein Therapieprotokoll, das ein überzeugendes Beispiel dieser Erfahrung darstellt). Angst entsteht, und wenn die Situation es zulässt (s. J), ist diese Angst erträglich und im Resultat konstruktiv. Wenn allerdings das Individuum durch übereifrige und scharfe Deutungen des Therapeuten oder durch andere Vorgehensweisen mit mehr verleugneter Erfahrung konfrontiert wird, als es vertragen kann, dann entsteht Desorganisation, und ein psychotischer Zusammenbruch ist die Folge (Feststellung 3). Wir haben dies bei einer Person erlebt, die gleichzeitig verschiedene „Therapien" gemacht hat. Dies wird weiter durch einige frühere Erfahrungen mit Sodium-Pentothal-Therapie verdeutlicht. Unter dieser Droge offenbarte eine Person viele Erfahrungen, die sie bis dahin vor sich selbst verleugnet hatte und die zu den unverständlichen Elementen ihres Verhaltens geführt hatten. Als diese Person unklugerweise mit diesem Material in ihrem normalen psychischen Zustand konfrontiert wurde, konnte sie die Echtheit dieser Erfahrung nicht ableugnen, ihre Abwehrprozesse konnten diese Erfahrung nicht verleugnen oder entstellen; infolgedessen brach die Selbststruktur zusammen, und es kam zu einem psychotischen Zusammenbruch.

Akut-psychotische Verhaltensweisen können als in Übereinstimmung mit den verleugneten Erfahrungsaspekten beschrieben werden, weniger als in Übereinstimmung mit dem Selbst. Eine Person, die sexuelle Impulse bisher rigide unter Kontrolle hielt, diese als Aspekte ihres Selbst verleugnete, zeigt nun offen sexuelle Angebote gegenüber denen, mit denen sie in Kontakt ist. Viele der sogenannten irrationalen Verhaltensweisen bei Psychosen sind von dieser Art.

Ist es erst einmal zu offen psychotischem Verhalten gekommen, dann setzt ein Abwehrprozess ein, der den Organismus gegen die äußerst schmerzvolle Wahrnehmung der Inkongruenz schützen soll. Zu diesem Abwehrvorgang möchte ich meine Meinung sehr vorsichtig äußern. In einigen Fällen übernimmt die verleugnete Erfahrung jetzt die Herrschaft, und der Organismus verteidigt sich so gegen die Gewahrwerdung seiner Selbst. In anderen Fällen übernimmt das Selbst wieder die Herrschaft, und das Verhalten kommt wieder in Übereinstimmung mit ihm, jedoch ist das Selbst in großem Maße verändert. Es ist nun ein Selbstkonzept, welches das wichtige Thema einschließt: „Ich bin eine verrückte, unangepasste, unzuverlässige Person, die Impulse und Kräfte in sich trägt, die jenseits meiner Kontrolle sind". Es entsteht so ein Selbst, das wenig oder kein Selbstvertrauen vermittelt.

Ich hoffe, dass dieser Teil der Theorie weiter ausgearbeitet, verfeinert und in Zukunft besser überprüfbar wird.

J. Der Prozess der Reintegration

In Situationen, wie sie in den Abschnitten G und H beschrieben wurden (und möglicherweise auch in Situationen des Zusammenbruchs wie unter J beschrieben, obwohl es hierzu weniger Belege gibt), ist ein Prozess der Reintegration möglich, ein Prozess, der sich in Richtung aufzunehmende *Kongruenz* zwischen *Selbst* und *Erfahrung* bewegt. Dies kann wie folgt beschrieben werden:

1. Damit der *Abwehrprozess* umgekehrt werden kann, damit also eine bisher *bedrohliche Erfahrung korrekt* im *Gewahrsein symbolisiert* und in die *Selbststruktur* aufgenommen werden kann, müssen bestimmte Bedingungen vorliegen.
    a) Die Bedeutung der *Bewertungsbedingungen* muss abnehmen.
    b) Die *bedingungslose Selbst-Wertschätzung* muss wachsen.
2. Eine Möglichkeit, diese Bedingungen herbeizuführen, ist die von einem wichtigen anderen Menschen erlebte *bedingungslose Wertschätzung*.
    a) Hierzu muss der Rahmen des *empathischen* Verstehens vorhanden sein, damit die *bedingungslose Wertschätzung* vermittelt werden kann.
    b) Wenn das Individuum diese *bedingungslose Wertschätzung* wahrnimmt, werden die bestehenden *Bewertungsbedingungen* geschwächt oder aufgelöst.
    c) Eine weitere Folge ist das Anwachsen der eigenen *bedingungslosen positiven Selbst-Wertschätzung*.
    d) Bestehen die Bedingungen 2a und 2b, dann nimmt die Bedrohung ab, der Prozess der *Abwehr wird umgekehrt*, und die *Erfahrungen*, die üblicherweise *bedrohlich* waren, werden *korrekt symbolisiert* und in das *Selbstkonzept* aufgenommen.
3. In der Konsequenz von 1 und 2 macht das Individuum mit geringerer Wahrscheinlichkeit *bedrohliche* Erfahrungen; *Abwehrprozesse* werden seltener, ihre Auswirkungen werden vermindert, das *Selbst* und die *Erfahrung* befinden sich in erhöhtem Maße in *Kongruenz*; die *Selbst-Wert-*

schätzung steigt; die *Wertschätzung* anderen gegenüber verbessert sich; die *psychische Ausgeglichenheit* ist verbessert; der *organismische Bewertungsprozess* stellt zunehmend die Grundlage für die Verhaltensregulierung dar; das Individuum wird immer mehr „fully functioning".

Anmerkungen: Dieser Abschnitt beinhaltet die Theorie der Therapie, wie vorher dargelegt, jedoch in einer etwas allgemeineren Form. Die Darstellung betont, dass die Tatsache der Reintegration oder Wiederherstellung der Persönlichkeit immer nur dann geschieht – zumindest nehmen wir dies an –, wenn bestimmte definierbare Bedingungen vorliegen. Diese Bedingungen sind grundsätzlich die gleichen, ob es sich dabei um eine formale Therapie über einen beträchtlichen Zeitraum handelt, in der erhebliche Persönlichkeitsveränderungen stattfinden, oder ob wir über geringere konstruktive Veränderungen sprechen, die in einem Kontakt mit einem verständnisvollen Freund oder einem Familienmitglied zustande kommen können.

Eine weitere kurze Erläuterung zu Punkt 2a. Empathisches Verstehen ist immer Voraussetzung, wenn die bedingungslose *Wertschätzung* voll zum Ausdruck kommen soll. Wenn ich wenig oder gar nichts über den anderen weiß und eine bedingungslose *Wertschätzung* ihm gegenüber erlebe, dann bedeutet dies wenig. Weiteres Wissen über den anderen kann Aspekte des anderen zutage fördern, die ich so nicht annehmen kann. Wenn ich ihn jedoch sehr gut kenne, wenn ich eine große Bandbreite seiner Empfindungen und Verhaltensweisen kenne und empathisch verstehe und ihm gegenüber immer noch eine bedingungslose *Wertschätzung* empfinde, dann ist das von sehr großer Bedeutung. Es kommt dem völligen Kennen und dem völligen Akzeptieren sehr nahe.

Spezifizierungen funktionaler Beziehungen in der Theorie der Persönlichkeit

In einer voll ausgearbeiteten Theorie wäre es mit mathematischer Genauigkeit möglich, die funktionalen Beziehungen zwischen verschiedenen Variablen zu spezifizieren. Es ist Ausdruck der Vorläufigkeit dieser Persönlichkeitstheorie, dass zumeist nur generelle Beschreibungen dieser funktionalen Beziehungen möglich sind. Wir sind bisher nicht in der Lage, Gleichungen zu formulieren. Einige der in Abschnitt II formulierten Beziehungen können wie folgt spezifiziert werden:

- Je mehr Erfahrung aktualisiert wird, umso mehr ist das Verhalten danach ausgerichtet (A5, 6).
- Je zahlreicher und umfassender die Bewertungsbedingungen sind, umso größer ist der Teil der Erfahrung, der potentiell bedrohlich ist (F1, 2).

- Je zahlreicher und umfassender die Bewertungsbedingungen sind, umso größer ist die Verletzlichkeit und die psychische Fehlanpassung (F3).
- Je größer der Anteil der potentiell bedrohlichen Erfahrung ist, umso größer ist die Wahrscheinlichkeit, dass Verhalten, das den Organismus stabilisiert und fördert, nicht als Selbsterfahrung zur Kenntnis genommen werden kann (G 1a, b).
- Je größer die Übereinstimmung zwischen Selbst und Erfahrung, umso exakter wird die Symbolisierung im Gewahrsein sein (G 1a und H l, 2, 3).
- Je zahlreicher und umfangreicher die Bewertungsbedingungen sind, umso deutlicher werden Rigidität und Ungenauigkeit der Wahrnehmung sein, umso größer ist das Ausmaß der Intensionalität (H4).
- Je größer der Grad der gewahr gewordenen Inkongruenz ist, umso größer sind Wahrscheinlichkeit und Ausmaß der Desorganisation (J3).
- Je größer das Ausmaß der erlebten bedingungslosen Wertschätzung durch einen anderen ist, basierend auf dem empathischen Verstehen, umso deutlicher wird die Auflösung der Bewertungsbedingungen sein, und umso größer ist der Anteil der aufgelösten Inkongruenz (J2, 3).

Zu den anderen Punkten sind die Beziehungen von Abschnitt J bereits in der Theorie der Therapie spezifiziert.

Ergebnisse: Die ersten Abschnitte dieser Theorie sind im Wesentlichen aus logischen Konstrukten und Behauptungen zusammengesetzt, die nur teilweise der empirischen Überprüfung zugänglich sind.

Abschnitt F erhält Unterstützung durch Cartwright (9) und Diller (14), Abschnitt H durch Chodorkoff (10) und Cartwright (9). Goldiamond (22) dagegen unterbreitet Ergebnisse, die die Definition der unterschwelligen Wahrnehmung modifizieren könnten. Abschnitt J erhält Unterstützung durch Ergebnisse, die bereits in Abschnitt I der Theorie der Therapie berichtet werden.

Im Folgenden wird Chodorkoffs Studie (10) kurz referiert. Sie stellt eine klar begründete und bedeutungsvolle experimentelle Überprüfung einiger Hypothesen und funktionaler Beziehungen dar, wie sie in diesem Abschnitt der Theorie spezifiziert wurden. Seine Definitionen entnahm er direkt der Theorie. Zum Beispiel wird Abwehr definiert als der Vorgang, bei dem die exakte Symbolisierung bedrohlicher Erfahrungen daran gehindert wird, gewahr zu werden. Er konzentriert sich auf drei Hypothesen, die in theoretischen Begriffen wie folgt formuliert werden können:

1. Je größer die Kongruenz zwischen Selbst und Erfahrung, umso geringer wird das Ausmaß der gezeigten Wahrnehmungsabwehr sein.
2. Je größer die Kongruenz zwischen Selbst und Erfahrung, umso angemessener wird die Persönlichkeitsanpassung – im üblichen Sinne des Begriffs – des Individuums sein.

3. Je angemessener die Persönlichkeitsanpassung des Individuums (so wie dies gewöhnlich verstanden wird), umso geringer wird das Ausmaß der gezeigten Wahrnehmungsabwehr sein.

Das heißt: Chodorkoff untersuchte eine theoretische Definition, die der klinischen und der Alltagsrealität widerspricht (Kongruenz = psychischer Anpassung). Darüber hinaus untersuchte er eine durch die Theorie spezifizierte Beziehung (das Ausmaß der Kongruenz verhält sich umgekehrt proportional zu dem Ausmaß der Abwehr). Um dies abzurunden, untersuchte er die Behauptung, dass Anpassung, so wie sie üblicherweise verstanden wird, sich zum Grad der Abwehr umgekehrt proportional verhält. Er gab den wesentlichen Begriffen die folgenden operationalen Definitionen:

1. Das Selbst wird definiert als ein Q-sort selbstbezogener Items, die das Individuum in der Weise auswählt, wie es sich derzeit selbst sieht.
2. Erfahrung: Eine exakte Deckung all der theoretischen Bedeutungen mit vorhandenen Untersuchungsmöglichkeiten ist natürlich sehr schwierig. Chodorkoff vermeidet den Begriff „Erfahrung", er definiert ihn jedoch operational durch eine „objektive Beschreibung". Diese ist ein Q-sort der gleichen selbstbezogenen Items durch einen Kliniker, wobei diese Auswahl auf eingehender klinischer Kenntnis des Probanden gründet, die durch verschiedene projektive Testverfahren gewonnen wurde. Somit wird der Gesamtheit der Erfahrungen des Individuums, wie sie sich von seinem im Gewahrsein repräsentierten Selbstkonzept unterscheiden, eine grobe operationale Definition gegeben.
3. Wahrnehmungsabwehr wird operationalisiert über die Reaktionszeitdifferenzen zwischen einer Gruppe neutraler Wörter und einer Gruppe persönlich bedrohlicher Wörter, die im Tachistoskop dargeboten wurden. (Die Auswahl der Wörter und die Methode wurden außerordentlich sorgfältig erarbeitet, jedoch würden Details hier den Rahmen der Arbeit sprengen.)
4. Persönliche Angepasstheit, so wie sie üblicherweise verstanden wird, wurde definiert durch ein kombiniertes Rating vier kompetenter Beurteiler; die Ratings basierten auf biographischem Material, projektiven Testverfahren und anderen Informationen.

Diese Definitionen ermöglichen eine operationale Basis von vier Messgrößen, die völlig unabhängig voneinander sind. Chodorkoff übersetzte seine Hypothesen in folgende operationale Voraussagen.

1. Je höher die Korrelation zwischen dem Q-sort, den das Individuum selbst macht, und dem Q-sort des Klinikers für die Gesamtpersönlichkeit ist, desto geringer wird die Differenz der Wahrnehmungsschwellen für neutrale und bedrohliche Wörter sein.

2. Je höher die Korrelation zwischen Selbst-sort und dem Q-sort des Klinikers über die Gesamtpersönlichkeit, desto größer wird das Ausmaß der Angepasstheit sein, wie es die vier Beurteiler einschätzen.
3. Je größer die durch die vier Beobachter im Rating ausgedrückte Angepasstheit, desto geringer wird die Differenz der Wahrnehmungsschwellen für neutrale und bedrohliche Wörter sein.

Diese drei Voraussetzungen wurden statistisch bestätigt und unterstützen somit bestimmte Abschnitte der Theorie.

Diese Studie illustriert die Vorgehensweise, verschiedenen theoretischen Konstrukten eine teilweise operationale Definition zu geben. Sie verdeutlicht weiterhin, wie aus der Theorie abgeleitete Behauptungen empirisch überprüft werden können. Darüber hinaus verdeutlicht sie, welch komplexe und unübliche Vorhersagen des Verhaltens aus der Theorie abgeleitet werden können.

III. Theorie der voll entwickelten Persönlichkeit

Gewisse zielgerichtete Tendenzen des Individuums (I D, II A2) und verschiedene Bedürfnisse (II C, D) wurden explizit in der bisher vorgelegten Theorie formuliert. Diese Tendenzen entfalten sich unter bestimmten Bedingungen besser. Somit ist implizit ein Konzept der Höchstentwicklung der Aktualisierung des menschlichen Organismus angedeutet. Diese optimal entwickelte, hypothetische Persönlichkeit wäre gleichzusetzen mit „Ziel der sozialen Evolution", „Endpunkt einer optimal verlaufenden Therapie" usw. Wir haben uns entschlossen, dies als die voll entwickelte Persönlichkeit *(fully functioning person)* zu bezeichnen.

Obwohl in diesem Konzept nichts enthalten ist, was nicht bereits unter I und II formuliert wurde, möchten wir es hier gesondert behandeln.

A. Das Individuum hat eine ihm innewohnende Tendenz zur *Aktualisierung* seines Organismus.
B. Das Individuum hat die Fähigkeit und Tendenz, *Erfahrungen* exakt im *Gewahrsein* zu *symbolisieren*.
  1. Daraus kann abgeleitet werden, dass das Individuum die Fähigkeit und Tendenz besitzt, sein *Selbstkonzept* in Übereinstimmung mit seiner *Erfahrung* zu halten.
C. Das Individuum hat das *Bedürfnis nach Wertschätzung*.
D. Das Individuum hat das *Bedürfnis nach Selbst-Wertschätzung*.
E. Die Tendenzen A und B können dann am besten verwirklicht werden, wenn die Bedürfnisse C und D erfüllt sind. Genauer gesagt: Die Tendenzen A und B *sind dann am besten verwirklicht, wenn*

1. *das Individuum bedingungslose Wertschätzung eines signifikanten anderen erfährt;*
2. in Beziehungen, die durch ein vollständiges und übermitteltes *empathisches* Verstehen des *Bezugsrahmens* des Individuums gekennzeichnet sind, die Eindringlichkeit der *bedingungslosen Wertschätzung* deutlich wird.
F. Wenn die unter E genannten Bedingungen zu einem Höchstmaß erfüllt sind, dann ist das Individuum, das diese Bedingungen im Erleben verwirklicht, optimal entwickelt.

Dieses optimal entwickelte Individuum weist zumeist folgende Eigenschaften auf:

1. Es ist *offen gegenüber seinen eigenen Erfahrungen.*
   a) Die daraus zu ziehende Schlussfolgerung: Es zeigt keine *Abwehr.*
2. Somit ist alle *Erfahrung* dem *Gewahrsein verfügbar.*
3. Alle *Symbolisierungen* sind so exakt, wie das Erfahrungsmaterial es erlaubt.
4. Die *Selbststruktur* ist kongruent mit seiner *Erfahrung.*
5. Die *Selbststruktur* ist eine fließende Gestalt, die sich im Prozess der Assimilation neuer *Erfahrung* verändert.
6. Das Individuum *erfährt* sich selbst als den *Ort seiner Bewertung.*
   a) Der *Bewertungsprozess* ist fortwährend ein *organismischer.*
7. Dieses Individuum besitzt keine *Beurteilungsbedingungen.*
   a) Die Schlussfolgerung daraus: Es *erlebt bedingungslose Selbst-Wertschätzung.*
8. Jeder neuen Situation tritt das Individuum mit Verhalten gegenüber, das eine einmalige kreative Anpassung an das Neue des Augenblickes darstellt.
9. Es wird in seinem *organismischen Bewertungsprozess* eine vertrauenswürdige Orientierung finden, weil
   a) alle erreichbaren Erfahrungswerte dem *Gewahrsein* verfügbar sind und verwendet werden,
   b) kein *Erfahrungsaspekt* entstellt oder dem *Gewahrsein* gänzlich *verleugnet* wird,
   c) die der *Erfahrung* zugänglichen Resultate des Verhaltens dem *Gewahrsein* zugänglich sind und
   d) die bestmögliche Befriedigung nur wegen Informationsdefiziten nicht erreicht wird, und dies durch eine effektive Realitätsprüfung korrigiert wird.
10. Wegen der fruchtbaren Eigenschaft der wechselseitigen *Wertschätzung* (IIC 1c) lebt es mit anderen in denkbar guter Harmonie.

Anmerkungen: Es wird deutlich geworden sein, dass der Begriff *fully functioning person* gleichbedeutend ist mit optimaler psychischer Ausgeglichenheit, optimaler psychischer Reife, völliger Kongruenz, völliger Offenheit gegenüber Erfahrung, völliger Extensionalität, so wie diese Begriffe definiert worden sind.

Weil einige dieser Begriffe möglicherweise statisch anmuten, so als hätte eine Person „diesen Zustand erreicht", soll hervorgehoben werden, dass alle diese Charakteristika einer Person *Prozess*merkmale sind. Die *fully functioning person* wäre eine Person-im-Prozess, eine sich ständig verändernde Person. Insofern kann ihr spezifisches Verhalten in keiner Weise vorhergesagt werden. Es kann allein festgehalten werden, dass das Verhalten in jeder neuen Situation ausreichend anpassungsfähig wäre und dass sich die Person ständig in einem Prozess der weiteren Selbstaktualisierung befindet. Zur weiteren Verdeutlichung dieses Gedankens möge der Leser und die Leserin meinen Artikel über die *fully functioning person* (64) lesen.

Spezifizierung der Funktionen: Unsere gegenwärtigen Formulierungen können in einem Satz zusammengefasst werden: Je vollständiger oder je ausgeprägter die Bedingungen E1, E2 bestehen, umso näher wird sich das Individuum den Charakteristiken F1 bis F10 annähern.

Ergebnisse: Die Resultate von Therapien bestätigen allgemein die Richtung der Theorie, obwohl sie in ihrem Wesen niemals völlig überprüft werden kann, da sie doch eine Asymptote zu definieren versucht.

IV. Theorie der zwischenmenschlichen Beziehung

Die neuesten Entwicklungen unseres theoretischen Konstruktes bestehen in dem Versuch, die Ordnung zu formulieren, die anscheinend in allen zwischenmenschlichen Beziehungen und Kommunikationen herrscht. Diese Formulierung stammt, dies wird deutlich werden, zunächst aus unserer Therapietheorie, indem sie die therapeutische Beziehung einfach als Beispiel einer zwischenmenschlichen Beziehung ansieht. Um größere Klarheit zu erreichen, werden Bedingungen, Prozess und Resultat einer gestörten Beziehung und einer vertieften oder verbesserten Beziehung getrennt vorgestellt. Tatsächlich sind sie jedoch zwei Punkte oder Bereiche eines Kontinuums.

A. Die Bedingungen einer gestörten Beziehung

Damit eine Kommunikation eingeschränkt und eine Beziehung gestört wird, sind folgende Bedingungen notwendig:

1. Eine Person Y möchte *Kontakt* mit einer Person X aufnehmen und Kommunikation mit ihr herstellen. (Anmerkung: Die Charakteristika von Y müssen nicht notwendigerweise spezifiziert sein, außer dass sie eine „durchschnittliche Person" ist, mit einiger *Fehlanpassung, Inkongruenz* und *Abwehr*. Die Theorie basiert im Wesentlichen im Hinblick auf Person X.)
2. Person X möchte mit Y (zumindest zu einem geringen Maße) kommunizieren und in *Kontakt* treten.
3. Deutliche *Inkongruenz* besteht bei X zwischen den drei folgenden Elementen:
    a) seiner *Erfahrung* des Gegenstandes der Kommunikation mit Y (welcher die Kommunikation selber sein kann oder ein anderer Gegenstand),
    b) der *Symbolisierung* dieser *Erfahrung* im *Gewahrsein* in ihrer Beziehung zum *Selbstkonzept* und
    c) dem *bewusst* (*conscious*) kommunizierten Ausdruck (verbal und/oder motorisch) dieser *Erfahrung*.

Anmerkungen: Wenn die Diskrepanz bei 3 zwischen a einerseits und b und c andererseits besteht, dann ist X in diesem Punkt psychisch fehlangepasst; die unmittelbaren Konsequenzen sind persönlicher Art. Besteht jedoch die Diskrepanz zwischen a und b einerseits und c andererseits, dann kann dieser Zustand als Täuschung bezeichnet werden, was unmittelbare soziale Konsequenzen zur Folge hat.

Das Extrem dieser Inkongruenz, und damit ein Endpunkt des Kontinuums, wäre eine vollständige oder fast vollständige Inkongruenz oder Abtrennung zwischen einer Erfahrung, ihrer kognitiven Bedeutung (Symbolisierung) und ihrem Ausdruck.

B. Der Prozess einer gestörten Beziehung

Sind die vorgenannten Bedingungen realisiert, dann kommt ein Prozess in Gang, der folgende Charakteristiken und Richtungen aufweist:

1. Die Kommunikation von X gegenüber Y ist widersprüchlich und/oder mehrdeutig; sie enthält
    a) Verhaltensweisen, die übereinstimmen mit dem *Gewahrsein der Erfahrung* von X, was dieser mitteilen möchte,
    b) Verhaltensweisen, die übereinstimmen mit den Aspekten der Erfahrung, die nicht exakt im *Gewahrsein* von X symbolisiert sind (siehe auch IIG).
2. Y *erlebt* diese Widersprüche und Mehrdeutigkeiten.

a) Er richtet sein *Gewahrsein* nur auf die bewussten *Mitteilungen*[4] von X (B1a).
b) Auf diese Weise tendiert Y's *Erfahrung* der Kommunikation von X dazu, inkongruent mit der *Gewahrwerdung* derselben zu werden.
c) Also wird Y's Reaktion ebenfalls widersprüchlich und/oder mehrdeutig, seine Reaktionen haben dann die gleichen Qualitäten wie für X in B1a, b beschrieben.
3. Weil X *verletzlich* ist, *erlebt* er die Antwort von Y als potentiell *bedrohlich*.
a) Also *nimmt* er sie in der *entstellten* Weise *wahr*, die *kongruent* mit seiner eigenen *Selbststruktur* ist.
b) Also ist seine *Wahrnehmung* des *internen Bezugsrahmens* von Y falsch, und er *erlebt* keinen hohen Grad von *Empathie*.
c) Weil Y als potentiell *bedrohlich wahrgenommen* wird, kann X keine *bedingungslose Wertschätzung* für Y *erfahren*.
(Anmerkung: So liefert X das Gegenstück der Bedingungen einer Therapie, wie sie in IA 3, 4, 5 beschrieben wurden.)
4. Y *erfährt* sich selbst als jemand, der nur teilweise *Wertschätzung* erhält.
5. Y *erlebt* einen Mangel an Verstehen oder *Empathie*.
6. Je mehr Y eine nur teilweise *Wertschätzung* und einen Mangel an Empathie erfährt,
– umso weniger ist er in der Lage, seine *Gefühle* frei auszudrücken,
– umso weniger kann er selbstbezogene Empfindungen ausdrücken,
– umso weniger kann er in seiner *Wahrnehmung extensional* ausgerichtet sein,
– umso weniger kann er Inkongruenz zwischen *Selbst* und *Erfahrung* ausdrücken und
– umso weniger kann er damit sein *Selbstkonzept* reorganisieren.
(Anmerkung: Es ist dies das Gegenstück zum Prozess der Persönlichkeitsveränderung [siehe IB].)
7. Weil Y immer weniger seine *Gefühle* ausdrückt, kann X den *inneren Bezugsrahmen* von Y immer weniger exakt *wahrnehmen*; sowohl die fehlerhafte *Wahrnehmung* als auch die *Verzerrung der Wahrnehmung* machen dann *Abwehrreaktionen* auf der Seite von X immer wahrscheinlicher.

---

[4] Dies ist ein wesentlicher Punkt: Wenn Y ausreichend *offen für seine eigene Erfahrung* ist, nämlich dass er der anderen Kommunikation von X gewahr wird (Bl b), dann treten b und c nicht auf, und die eigene Antwort gegenüber X ist klar und kongruent. Wenn Y zusätzlich zu diesem *Gewahrsein* aller Kommunikationen von X eine *bedingungslose Wertschätzung* gegenüber diesem erlebt, dann entwickelt sich daraus eine verbesserte Beziehung (siehe D, E und F).

8. Ein anderes Charakteristikum kann auftreten, wenn die Kommunikation von X hauptsächlich aus Negativempfindungen besteht. Y *nimmt dann wahr*, dass X verschiedene Aspekte seiner *Erfahrung* nicht exakt im *Gewahrsein symbolisieren* kann, weil deren *Wahrnehmung durch Abwehr gestört* ist.
9. Tritt dies auf, dann ist Y in dem Maße *bedroht*, wie er sich selbst *inkongruent* erlebt, und er entwickelt *abwehrendes* Verhalten.

C. Das Ergebnis einer gestörten Beziehung

Dauert dieser Prozess an, dann geschieht Folgendes:

1. Die *Abwehrhaltungen* bei X und Y nehmen zu.
2. Die Kommunikation wird immer oberflächlicher, und es wird immer weniger von den Personen ausgedrückt.
3. Die *Wahrnehmungen des Selbst* und der anderen werden immer enger, weil die *Abwehr* zunimmt.
4. So bleibt die *Inkongruenz* zwischen *Selbst* und *Ausdruck* bestehen, oder sie nimmt zu.
5. *Psychische Fehlanpassung* wird bei beiden bis zu einem gewissen Grade leichter möglich.
6. Die Beziehung wird als schlecht *erlebt*.

Anmerkungen zu A, B und C: Die technische und theoretische Beschreibung einer gestörten Beziehung mag klarer werden, wenn man sie durch eine allgemeine Erfahrung verdeutlicht. Nehmen wir beispielsweise die Beziehung einer Mutter X zu ihrem Kind Y. In diesem Falle gibt es natürlich vielfältige gegenseitige Wünsche nach Kontakt. Die Mutter empfindet: „Ich bin über dich verärgert, weil du meine Karriere behinderst", jedoch kann sie sich dessen nicht gewahr sein, weil diese Erfahrung mit ihrem Selbstkonzept als dem einer guten Mutter nicht übereinstimmen würde. Die Wahrnehmung dieser Erfahrung in ihr selbst wird entstellt, beispielsweise so: „Ich bin über dieses ganz bestimmte Verhalten von dir verärgert. Ich liebe dich, aber ich muss dich jetzt bestrafen". Dies ist eine annehmbare Symbolisierung ihrer Erfahrung, und so teilt sie sie ihrem Kind bewusst mit.

Jedoch empfängt Y, das Kind, nicht nur diese bewussten Anteile der Kommunikation. Es empfindet (wenngleich es sich dessen in der Regel nicht gewahr ist) dieses bestimmte Verhalten als Hinweis auf eine generelle Ablehnung seiner selbst. Die Reaktion des Kindes mag verschiedener Art sein, jedoch in ihrer grundsätzlichen Charakteristik wird sie die Inkongruenz ausdrücken, die die geteilte Kommunikation der Mutter in ihm ausgelöst hat. Eine der Möglichkeiten besteht darin, dass es sich selbst als schlecht und ungeliebt erlebt, selbst dann, wenn es sein Verhalten eigentlich als „gut" empfindet. Also wird es sich schlecht und schuldig fühlen, selbst dann, wenn es sich angemessen verhält. Diese Reaktion bedroht jedoch wiederum die Mutter, weil das Verhalten des Kindes, das Ungeliebtsein und Bösesein ausdrückt, ihre eigenen ablehnenden Gefühle ins Gewahrsein zu bringen droht. In der Folge muss sie die Wahrnehmung des Verhaltens ihres Kindes immer weiter entstellen, so dass es ihr nun hinterhältig oder gemein vorkommt und gelegentlich lästig wird. Je länger dieser Teufelskreis anhält, desto weniger Akzeptanz empfindet Y (das Kind), desto weniger angemessen kann das Kind seine Empfindungen, seine Gefühle ausdrücken, und umso schwieriger wird es für die Mutter, empathisches Verstehen zu erlangen. Je entfremdeter die Beziehung der beiden wird, desto unangepasster wird jeder der beiden. Dies genau sind die Schritte einer Beziehung, die wir in den drei vorangegangenen Abschnitten beschrieben haben:

- die Bedingungen, die sie verursachen,
- der Prozess, in dem die Störung sich entwickelt und
- das Resultat einer gestörten Beziehung.

D. Die Bedingungen für eine verbesserte Beziehung

Damit sich Kommunikation und Beziehung verbessern, sind folgende Bedingungen Voraussetzung:

1. Eine Person Y' möchte in *Kontakt* mit einer Person X' kommen und mit ihr kommunizieren.
2. X' wünscht mit Y' zu kommunizieren und in *Kontakt* mit Y' zu kommen.
3. Ein hohes *Ausmaß an Kongruenz* besteht bei X' zwischen den drei folgenden Elementen:
   a) seiner *Erfahrung* des Gegenstandes der Kommunikation mit Y',
   b) der *Symbolisierung* dieser *Erfahrung* im *Gewahrsein* in ihrer Beziehung zum *Selbstkonzept* und
   c) dem bewusst kommunizierten Ausdruck dieser Erfahrung.

E. Der Prozess einer sich verbessernden Beziehung

1. Die Kommunikation von X' zu Y' ist charakterisiert durch Kongruenz von *Erfahrung, Gewahrsein* und Kommunikation.
2. Y' *erlebt* diese *Kongruenz* als deutliche Kommunikation. Also wird seine Reaktion eher *Kongruenz* seiner eigenen *Erfahrung* und seines Gewahrseins ausdrücken.

3. Weil X' in diesem Bereich seiner Kommunikation *kongruent* und nicht *verletzlich* ist, ist er in der Lage, die Antwort von Y' korrekt und in *extensionaler* Weise – mit *Empathie* für dessen *inneren Bezugsrahmen* – *wahrzunehmen*.
4. Durch das Gefühl, verstanden zu werden, *erlebt* Y' eine gewisse Befriedigung seines *Bedürfnisses nach Wertschätzung*.
5. X' wiederum *erlebt*, dass er im *Erfahrungsfeld* von Y' etwas Positives bewirkt hat.
   a) Also umgekehrt: Das Gefühl der *Wertschätzung* für Y' nimmt bei X' zu.
   b) Weil X' in diesem Bereich der Kommunikation nicht *verletzlich* ist, entwickelt sich die *Wertschätzung*, die er Y' gegenüber empfindet, in Richtung einer *bedingungslosen Wertschätzung*.
6. Y' *erlebt* sich in einer *Beziehung*, die, zumindest im Bereich der Kommunikation, charakterisiert ist durch Kongruenz auf Seiten von X', durch *empathisches* Verstehen des *inneren Bezugsrahmens* durch X' und einer bedingungslosen Beachtung (siehe IA, 3, 4, 5).
   a) Es sind also die Charakteristika des Therapieprozesses (IB) innerhalb der Grenzen des Gegenstandes der Kommunikation in Gang gekommen.
   b) Weil Y' in dieser Beziehung weniger das Bedürfnis nach Abwehr empfindet, nimmt die Notwendigkeit der *Verzerrung der Wahrnehmung* ab.
   c) Also *nimmt* er in der Kommunikation mit X' immer exakter *wahr*.
7. Die Kommunikation wird also auf beiden Seiten immer *kongruenter*, sie wird exakter *wahrgenommen* und enthält mehr wechselseitige *positive Beachtung*.

F. Resultate einer besser werdenden Beziehung

Bei Fortdauer des Prozesses entsteht Folgendes:

1. Alle Resultate einer Therapie werden sich einstellen (IC, 1–15), vorbehaltlich der zeitlichen Begrenzung der Beziehung zwischen X und Y und auch der gegenseitig wohlverstandenen Grenzen der Beziehung. (Z. B. kann für beide Teile klar sein, dass es sich lediglich um ein Rechtsanwalt-Klient-Verhältnis handelt oder eine Lehrer-Schüler-Beziehung, so dass viele Bereiche des Ausdrucks ausgeschlossen sind und so die Ergebnisse in eben diesem Maße begrenzt sind.) Jedoch innerhalb dieser Begrenzungen erleichtert die Beziehung die verbesserte Kongruenz und psychische Anpassung bei beiden.

G. Ansätze eines Gesetzes der zwischenmenschlichen Beziehungen

Zusammenfassend können wir den Versuch unternehmen, ein übergreifendes Gesetz der zwischenmenschlichen Beziehungen abzuleiten, indem wir die funktionalen Beziehungen des Konstruktes spezifizieren. Hier folgt ein solcher Versuch:

> Vorausgesetzt es besteht ein minimaler gegenseitiger Wunsch nach *Kontakt* und Kommunikation, dann können wir sagen: Je größer die kommunizierte *Kongruenz* von *Erfahrung, Gewahrsein* und Verhalten bei einem der Individuen, umso mehr wird die sich entwickelnde Beziehung die Tendenz wechselseitiger Kommunikation mit den gleichen Qualitäten beinhalten, nämlich des gegenseitigen korrekten Verstehens der Kommunikation, der verbesserten *psychischen Ausgeglichenheit* und Handlungsfähigkeit auf beiden Seiten und der wechselseitigen Befriedigung durch diese Beziehung.
>
> Umgekehrt: Je größer die kommunizierte *Inkongruenz* zwischen *Erfahrung, Gewahrsein* und Verhalten, umso mehr wird die sich entwickelnde Beziehung weitere Kommunikationen derselben Qualitäten enthalten, nämlich Auflösung des exakten Verstehens, nachlassende *psychologische Ausgeglichenheit* auf beiden Seiten und gegenseitige Frustration in der Beziehung.

Anmerkungen: Diese Theorie befindet sich immer noch in der Entwicklung. Sie entsteht nicht anhand von Forschungsergebnissen und erwächst nur teilweise aus der Erfahrung. Grundsätzlich ist sie abgeleitet aus der Theorie der Therapie, und sie stellt eine Anzahl von Hypothesen in einem neuen Gebiet auf, die nun der Bestätigung oder Falsifikation bedürfen. Die Ergebnisse solcher Studien sollten jedoch nicht nur die Theorie der zwischenmenschlichen Beziehungen modifizieren oder bestätigen, sondern sollten rückwirkend auch neue Erkenntnisse für die Theorie der Therapie erwirken.

Ergebnisse: Wir glauben, dass es einige Erfahrungsresultate und Forschungsergebnisse gibt, die diese Theorie betreffen. Es erscheint uns jedoch vorteilhafter, sie einfach als abgeleitete Theorie darzustellen.

V. Anwendungstheorien

Es würde zuviel Wiederholung bedeuten, die verschiedenen, teilweise entwickelten Anwendungstheorien im Detail vorzustellen. Deshalb werden nur einige Hinweise in jedem Anwendungsbereich der Theorie gegeben.

Familienleben: Die theoretischen Implikationen bedeuten hier:

1. Je größer das Ausmaß der *bedingungslosen Wertschätzung* ist, den ein Elternteil dem Kind gegenüber erlebt,
   a) desto geringer ausgeprägt werden die *Bewertungsbedingungen* beim Kind sein,
   b) umso mehr wird das Kind in der Lage sein, gemäß seines *organismischen Bewertungsprozesses* zu leben, und
   c) umso größer wird der Grad der *psychischen Ausgeglichenheit* beim Kind sein.
2. Der Elternteil erlebt diese *bedingungslose Wertschätzung* nur in dem Ausmaß, wie er selbst eine *bedingungslose Selbst-Wertschätzung* erleben kann.
3. In dem Ausmaß, in dem ein Elternteil *bedingungslose Selbstbeachtung erlebt*, wird er kongruent in der Beziehung sein.
   a) Dies beinhaltet die Echtheit oder Kongruenz im Ausdruck seiner eigenen *Gefühle* (positive oder negative).
4. In dem Ausmaß, in dem die Bedingungen 1, 2 und 3 existieren, wird der Elternteil realistisch und *empathisch* den *inneren Bezugsrahmen* des Kindes verstehen und eine *bedingungslose Wertschätzung* für das Kind erleben.
5. In dem Ausmaß, in dem die Bedingungen 1 bis 4 existieren, können die Theorie über den Prozess und die Resultate einer Therapie (1B, C und die Theorie über den Prozess und die Resultate einer sich verbessernden Beziehung (IVE, F) Anwendung finden.

Anmerkungen: In dieser Kürze können die Anwendungsvorschläge für das Familienleben missverständlich sein. Deshalb wird der Leser zur Erörterung dieser und ähnlicher Gedanken auf (65) verwiesen.

Erziehung und Lernen: Wenn Erziehung mit Lerngegenständen beschäftigt ist, die Verhalten signifikant beeinflussen und Persönlichkeitsveränderungen erleichtern, dann finden die Bedingungen der Therapie (1A) und die Bedingungen einer verbesserten Beziehung (IVD) Anwendung. Dies führt, neben anderen Bedingungen, zu einer realistischeren, korrekteren, differenzierteren Wahrnehmung (IC 1, 2) und zu einer verantwortlicheren Begründung des Verhaltens durch diese Wahrnehmungen (IC 3, 10, 15).

Anmerkungen: Wir werden dies hier nicht weiter ausführen, weil eine einigermaßen umfassende Darlegung der Theorie über die Förderung von Lernprozessen bereits vorgestellt worden ist (62, Kapitel 9), obwohl eine Anzahl der Begriffe und Konstrukte dieser früheren Darstellung mit der jetzigen nicht genau übereinstimmen.

Ergebnisse: Es wurden verschiedene Studien über die Anwendung der Theorie im Erziehungsprozess gemacht. Gross (26), Schwebel und Asch

(74), Asch (3) und Faw (17, 18) legen Ergebnisse vor, die generell bestätigend sind.

Gruppenleitung: Ausgehend von den Formulierungen, die sich auf das Wesen des Menschen beziehen (ID) ist im Hinblick auf die Arbeit mit Gruppen behauptet worden: In dem Maße, in dem ein bestimmter Leiter die Bedingungen der Therapie (IA 3, 4, 5) oder einer sich verbessernden Beziehung (IVD) verwirklicht, werden bestimmte Phänomene in der Gruppe auftreten. Unter anderem sind dies folgende Phänomene: Die Wahrnehmungsmöglichkeiten der Gruppe werden immer umfangreicher ausgeschöpft, immer differenziertere Daten werden von der Gruppe hervorgebracht, das Denken und die Wahrnehmungen werden extensionaler, selbstbezogenes Denken und Handeln nimmt zu, die Gruppenleitung verteilt sich immer mehr in der Gruppe, und es werden immer mehr effektive, in die Zukunft gerichtete Problemlösungen entwickelt. All diese Konsequenzen sind logisch ableitbar aus der Theorie, wie sie formuliert worden ist.

In zwei großen Arbeiten (24, 23) hat Gordon die Anwendungen der Theorie in diesem Bereich sorgfältig herausgearbeitet. Sie werden hier nicht wiederholt, die Leser sind auf diese detailliertere Darstellung verwiesen.

Ergebnisse: Die Untersuchungen von Roethlisberger und Dickson (57), Coch und French (11), Radke und Klisurich (53), Gordon und anderen unterstützen die verschiedenen Aspekte der Theorie.

Gruppenspannung und Konflikt: In Situationen ernster Gruppenkonflikte bestehen gewöhnlich die Bedingungen einer gestörten zwischenmenschlichen Beziehung (IVA). Abgeleitet sowohl aus der Theorie der Therapie als auch aus der Theorie der zwischenmenschlichen Beziehung, werden bestimmte Hypothesen formuliert, die sich auf solche Situationen beziehen. Weil diese einen neuen Aspekt einbringen, werden sie im folgenden detaillierter vorgestellt.

Für unsere jetzigen Zwecke nehmen wir eine bestimmte Gruppensituation an, in der die Bedingungen einer gestörten Beziehung (IVA) bereits existieren: Defensive Verhaltensweisen und Ausdrucksformen erhalten gegenseitige Verstärkung zwischen X, Y und Z, den verschiedenen Gruppenmitgliedern oder auch den Untergruppen.

A. Bedingungen für die Verminderung eines Gruppenkonfliktes

Gruppenkonflikte und Spannungen werden abnehmen, wenn folgende Bedingungen existieren:

> 1. Eine Person, die im folgenden Gruppenleiter (facilitator) genannt wird, befindet sich mit X, Y und Z in *Kontakt*.

2. Der Gruppenleiter ist kongruent mit sich und hat je separate Kontakte mit X, Y und Z.
3. Der Gruppenleiter empfindet gegenüber X, Y und Z jeweils getrennt:
   a) *bedingungslose Wertschätzung*, zumindest für den Bereich, in dem die Gruppenmitglieder kommunizieren,
   b) *empathisches* Verstehen für den *inneren Bezugsrahmen* von X, Y und Z, zumindest für den Bereich, in dem die Gruppenmitglieder kommunizieren.
4. X, Y und Z *nehmen* die Bedingungen 3 a und 3 b zumindest in einem minimalen Ausmaße *wahr*. (Dies gewöhnlich, weil 3 b verbal mitgeteilt wird.)

B. Der Prozess der Reduzierung des Gruppenkonfliktes

Wenn die oben genannten Bedingungen existieren und fortbestehen, dann:

1. entfalten sich die verschiedenen Elemente des Therapieprozesses (IB) zu einem gewissen Grade, zumindest in dem Bereich der Gruppenkommunikation.
   a) Eines der wesentlichen Elemente dieses Prozesses ist der Anstieg der differenzierten *Wahrnehmung* und der *Extensionalität*.
   b) Ein weiteres wichtiges Element ist die Reduzierung des *Bedrohtseins* im Erleben von X, Y und Z (siehe 1B 8, 8a).
2. In der Folge sind die Kommunikationen von Y zu X oder Z zu X weniger *abwehrend* und eher *kongruent* mit den *Erfahrungen* von Y und den Erfahrungen von Z.
3. Diese Kommunikationen werden mit zunehmender Korrektheit und *Extensionalität* von X wahrgenommen.
   a) In der Folge *erlebt* X mehr *empathisches* Verstehen für Y und Z.
4. Weil X weniger *Bedrohung* durch Y und Z und mehr *Empathie* für deren *inneren Bezugsrahmen* erlebt,
   a) symbolisiert X nun in seinem Gewahrsein *Inkongruenzen*, die früher zwischen *Erfahrung* und *Gewahrsein* bestanden,
   b) reduzieren sich in der Folge die *Abwehrverzerrungen* seiner eigenen *Erfahrung* und
   c) seine Kommunikation zu Y und Z wird ein *extensionalerer* Ausdruck seiner eigenen totalen *Erfahrung* in Bezug auf den Bereich der Kommunikation.
5. Nun bestehen die Bedingungen für den Prozess einer sich verbessernden Beziehung und die Phänomene treten auf, die unter IV E beschrieben wurden.

Anmerkungen: Eine ausführlichere Beschreibung der Überlegungen, die hier theoretisch formuliert wurden, findet sich in zwei früheren Aufsätzen (61, 63). Diese Theorie ist abgeleitet aus der Theorie der Therapie und der Theorie der zwischenmenschlichen Beziehung.

Ergebnisse: Obwohl klinische Erfahrung die Theorie in kleineren, übersichtlichen Gruppen zu bestätigen scheint und Axline hierzu einen Beitrag (5) geleistet hat, gibt es bis jetzt, so glaube ich, kein Untersuchungsergebnis, das diesen Aspekt der Theorie bestätigt. Besonders schwierig und wichtig, von einem sozialen Gesichtspunkt aus betrachtet, werden Untersuchungen sein, die unterschiedliche Gruppengrößen berücksichtigen. Selbst wenn die Theorie in kleinen, übersichtlichen Gruppen voll unterstützt wird, ist fraglich, ob sie sich in großen Gruppen bestätigen wird, wo die Kommunikation nicht direkt (face to face) sein kann. Eine weitere Frage bezieht sich auf die Gruppen, die aus Sprechern oder Abgeordneten gebildet werden, in denen das Individuum empfindet, dass es nicht über seine eigenen Erfahrungen und Empfindungen sprechen kann, sondern in einer durch die Wähler vorgegebenen Art und Weise, die jedoch nicht anwesend sind. Es dürfte klar sein, dass die Theorie, so wie sie hier formuliert worden ist, auf Gruppen dieses letzten Typs nicht angewendet werden kann.

Das theoretische System im Kontext der Forschung

Unsere Darstellung des theoretischen Systems ist damit abgeschlossen. Ich hoffe, dass die Darstellungsweise deutlich gemacht hat, dass es sich um ein in der Entwicklung befindliches System handelt, in dem ältere Teile mit beträchtlicher logischer Schärfe formuliert wurden, während neuere Teile sehr informell sind und einige logisch-systematische Lücken und Fehler enthalten. Weitere Teile, die hier nicht dargestellt wurden, existieren unter den Mitgliedern des personzentrierten Teams nur als persönliche und subjektive Vorstellungen. Es sollte weiterhin deutlich geworden sein, dass es sich um ein System handelt, das kontinuierlich modifiziert und überarbeitet wird. Ein Vergleich der vorangegangenen Theorie mit der Theorie der Therapie und Persönlichkeit (vgl. *Klientenzentrierte Therapie* 1951 Kapitel 4, 11) oder mit einer 1947 der APA vorgelegten Studie (60) zeigt, dass es vielfältige Veränderungen in den benutzten Konstrukten gegeben hat, dass weitreichende Veränderungen in der Organisation der Theorie vorgenommen wurden, obwohl die Grundrichtung im Wesentlichen eingehalten wurde. Dieser Prozess der Überarbeitung wird weitergehen.

Die Nützlichkeit bzw. Anwendbarkeit des systematisch-theoretischen Denkens ist, neben der persönlichen Befriedigung, der Ansporn für die Forschung gewesen. Im Hinblick darauf hat es zweifelsohne beträchtliche Erfolge gegeben. Die Vorgehensweise sah im Wesentlichen folgendermaßen aus:

- klinisch-therapeutische Erfahrung,
- Formulierung der Theorie,
- Forschung zur Überprüfung der Theorie,
- Entdeckung neuer Aspekte der Erfahrung durch die Forschung,
- Modifikation der Theorie in Hinblick auf die neue Erfahrung und die Forschung und
- weitere empirische Überprüfung der überarbeiteten Hypothesen.

Eine Auswertung und Auflistung aller durchgeführten Untersuchungen würde den Rahmen dieser Arbeit sprengen. Es wäre außerdem eine unnötige Wiederholung, da Seeman und Raskin (77) eine gründliche Analyse und Kritik zu insgesamt 55 von dieser Sichtweise geprägten Untersuchungen zu Therapie und Persönlichkeit geliefert haben. Sie vervollständigten ihre Arbeit in den Jahren 1942 bis 1951.⁵ An dieser Stelle genügt der Hinweis, dass zu folgenden Themen wissenschaftliche Untersuchungen durchgeführt worden sind:

1. Umstände und Prozess der Therapie: Die Analyse aufgezeichneter therapeutischer Gespräche in Hinblick auf theoretische Konstrukte war hier das wesentliche Instrument.
2. Resultate und Ergebnisse der Therapie: Persönlichkeitstests und Messungen der verschiedenen Aspekte des Verhaltens waren ein wesentliches Instrumentarium.
3. Untersuchung der Persönlichkeitstheorie: Hypothesen bezüglich der Wahrnehmung des Selbst und anderer, der externen Realität und des wahrgenommenen Ortes der Bewertung sind mit einer Vielfalt von Instrumenten untersucht worden.
4. Anwendung der Theorie in spezifischen Bereichen: Untersuchungen gab es insbesondere zur Förderung von Lernprozessen und zur Gruppenleitung.

Seit 1951 sind viele weitere Arbeiten zu den Resultaten der Therapie entstanden; eine wichtige Sammlung dieser Arbeiten befindet sich in *Psychotherapy and Personality Change* (70). In diesen Arbeiten wird das Problem einer Kontrollgruppe angemessener behandelt als jemals zuvor, was den Ergebnissen eine bemerkenswerte Zuverlässigkeit verleiht. Falls der Leser und die Leserin Interesse an den Verfeinerungen des Instrumentariums und der allgemeinen wissenschaftlichen Vorgehensweise haben, die auf diesem Gebiet entwickelt worden ist, sollten sie die sieben Studien zu therapeutischen Ergebnissen, erschienen im *Journal of Consulting Psychology* 1949 (die gesamte Juli-Ausgabe, Seiten 149–220), mit den dreizehn Untersuchungen in *Psychotherapy and Personality Change* (1954) vergleichen.

Zusätzlich zu den zahlreichen Ergebnisuntersuchungen gibt es eine wachsende Anzahl solcher Arbeiten, die primär die Absicht verfolgen, empirische Vorhersagen zu untersuchen, die aus der Persönlichkeitstheorie abgeleitet werden. Chodorkoffs bereits zitierte Arbeit (10) ist ein ausgezeichnetes Beispiel dieser Sparte. Weiterhin gibt es laufende Untersuchungen, die ihre Hypothesen aus einer Integration der Theorie der Therapie und einer Theorie der Wahrnehmung oder einer Theorie des Lernens ableiten. Diese Untersuchungen werden hoffentlich die Ergebnisse im Bereich der Therapie mit Ergebnissen in älteren, etablierteren Bereichen der Psychologie verbinden.

---

⁵ D. S. Cartwright hat seither eine kommentierte Bibliographie der Forschung und Theoriekonstruktion der klientenzentrierten Therapie herausgegeben, *J. counsel. Psychol*, 1957, 4, 82–100.

Die Grundlage für den Anreiz zur Forschung: Es gibt meines Erachtens verschiedene Gründe, warum dieses theoretische System die unterschiedlichsten wissenschaftlichen Untersuchungen initiiert hat.

Zunächst wäre hier, wie schon im ersten Abschnitt dieser Abhandlung erwähnt, die Grundüberzeugung zu nennen, dass wissenschaftliche Arbeit jederzeit, auf jedem Niveau beginnen kann und dass sie eine Orientierung, eine Richtung und kein fixiertes Instrumentarium darstellt. Unter diesem Aspekt ist bereits ein aufgezeichnetes Gespräch der Anfang des wissenschaftlichen Bemühens. Da es ein höheres Maß an Objektivität darstellt als die Erinnerung an das Gespräch, sind ein grober Entwurf der Therapie und grobe Messinstrumente für diese Konzepte wissenschaftlicher als die Unterlassung solcher Versuche. Einzelne Forscher glaubten also, dass sie in den Bereichen, die für sie von größtem Interesse waren, ihre Arbeit mit einer wissenschaftlichen Ausrichtung vorantreiben konnten. Aus dieser Haltung entstanden allmählich verfeinerte Messinstrumente für die Analyse von Gesprächsprotokollen und bedeutende Anfänge wurden gemacht zur Frage der Messung scheinbar unfassbarer Konstrukte, wie das des Selbstkonzeptes und das des emotionalen Klimas in einer therapeutischen Beziehung.

Dies führt mich zu einem zweiten wesentlichen Grund dafür, dass die Theorie die Forschung so erfolgreich gefördert hat. Die Konstrukte der Theorie sind im Wesentlichen auf solche beschränkt worden, denen eine operationale Definition gegeben werden konnte. Dies scheint vor allem den Psychologen entgegenzukommen, die unser Wissen im Bereich der Persönlichkeit vorantreiben wollten, die aber durch theoretische Konstrukte, denen eine operationale Definition fehlte, behindert wurden. Betrachten wir das allgemeine Phänomen, das solche Begriffe wie Selbst, Ego und Person auszeichnet: Wenn, wie in der Vergangenheit, ein Konstrukt entwickelt wird, welches sowohl die im Gewahrsein des Individuums enthaltenen inneren Ereignisse als auch solche beinhaltet, die dem Gewahrsein nicht zugänglich sind, dann gibt es zum gegenwärtigen Zeitpunkt kein befriedigendes Mittel, um solch einem Konstrukt eine operationale Definition zu geben. Aber durch Beschränkung des Selbstkonzepts auf Vorgänge im Gewahrsein kann dem Konstrukt durch die Q-Technik, die Analyse der Gesprächsaufzeichnungen usw. eine zunehmend verfeinerte operationale Definition gegeben werden. Solchermaßen wird der gesamte Bereich der Untersuchung eröffnet. Zukünftig könnten möglicherweise die resultierenden Arbeiten den sich nicht im Gewahrsein befindlichen Ereignissen operationale Definitionen geben.

Der Gebrauch operational definierbarer Konstrukte hatte eine weitere Auswirkung. Er hat die Begriffe „Erfolg" und „Misserfolg", die ohne wissenschaftlichen Wert sind, als Kriterien für die Therapiestudien völlig überflüssig gemacht. Stattdessen können Vorhersagen im Sinne operational definierbarer Konstrukte gemacht werden, und diese Vorhersagen können bestätigt oder entkräftet werden, völlig unabhängig von jeglichen Werturteilen im Hinblick darauf, ob der Wandel einen „Erfolg" oder „Misserfolg" darstellt. Somit ist in diesem Bereich ein wesentliches Hindernis für den wissenschaftlichen Fortschritt überwunden worden.

Ein dritter und letzter Grund für die Effektivität des Systems besteht darin, dass die Konstrukte allgemeine Gültigkeit besitzen. Da Psychotherapie einen wahren Mikrokosmos zwischenmenschlicher Beziehungen, des Lernens und der Veränderung von Wahrnehmung und Persönlichkeit darstellt, haben die Konstrukte, die zur Ordnung dieses Bereiches entwickelt wurden, einen hohen Grad an Durchlässigkeit. Solche Konstrukte, wie das Selbstkonzept, das Bedürfnis nach Wertschätzung oder die Bedingungen des Persönlichkeitswandels, finden Anwendung in einer breiten Palette menschlicher Tätigkeiten. Somit können derartige Konstrukte herangezogen werden zur Untersuchung solch unterschiedlicher Bereiche wie die der industriellen und militärischen Leitung, des Persönlichkeitswandels beim psychotischen Individuum, dem emotionalen Klima in einer Familie oder einem Klassenzimmer, wie auch die Wechselbeziehung von psychologischem und physiologischem Wandel.

Das Problem der Messung und Quantifizierung: Ich besitze nicht die Kompetenz und das Wissen über Statistik, um die Probleme zu diskutieren, die unser Team im Bereich der Messung hatte. Dies überlasse ich lieber anderen. An dieser Stelle möchte ich nur drei Beispiele nennen für den anhaltenden Trend zu einer verfeinerten Quantifizierung der Daten zu Psychotherapie und Persönlichkeit. Die Untersuchungen, die von der personzentrierten Theorie ausgingen, haben im Bereich der Analyse verbaler Protokolle erhebliche Fortschritte erbracht. Bei der Arbeit mit aufgezeichneten Gesprächen sind zunehmend exaktere Methoden entwickelt worden, so dass die Kategorisierung eine hohe Zuverlässigkeit besitzt und selbst subtilste Konstrukte, wie beispielsweise „die in der Entstehung begriffene Selbstwahrnehmung", objektiviert und gemessen werden können. Von Grummon (27) ist der Versuch unternommen worden, einige dieser von uns entwickelten Methoden in die formalere Sprachanalyse zu integrieren.

Andere Forscher haben die von Stephenson (81) entwickelte Q-Technik übernommen und diese auf verschiedene Arten genutzt. Sie wurde herangezogen, um dem Selbstkonzept eine operationale Definition zu geben, um die Wahrnehmung des Individuums durch Diagnostiker in direktem Vergleich mit der Selbstwahrnehmung dieses Individuums zu objektivieren, um die Qualität einer Beziehung, wie sie von den Partizipierenden wahrgenommen wird, zu messen und um die verschiedenen Hypothesen zu überprüfen, die aus der Persönlichkeitstheorie erwachsen.

Butler (6) hat eine neue Methode zur Aufdeckung der Ordnung entwickelt, die Material, wie bspw. Gesprächsprotokollen, innewohnt. Eine Reihe seiner Mitarbeiter haben diese Methode *(Rank Pattern Analysis)* für komplexe Analysen benutzt, die bis dahin lediglich verwirrten.

Somit haben die durch die personzentrierte Theorie initiierten Forschungsbestrebungen nicht nur zur empirischen Basis dieser Theorie beigetragen, sondern darüber hinaus auch die Entwicklung der Methodologie gefördert. Im Wesentlichen gibt es anscheinend keine Grenzen für die Messverfeinerung in den von der Theorie abgedeckten Bereichen. Die mangelnde Erfindungsgabe für die Entwicklung angemessener Messinstrumente hat den Fortschritt am meisten behindert.

Widersprüchliche Ergebnisse: Einige der mit der Theorie verbundenen Untersuchungsergebnisse wurden im jeweiligen Abschnitt angeführt. Es wird aufgefallen sein, dass beinahe alle Untersuchungsergebnisse bestätigenden Charakter hatten und dass diejenigen, die die Theorie entkräfteten, eher verwirrend waren. Es gibt beinahe keine Forschungsergebnisse, die den Aussagen der Theorie direkt widersprechen.

Zwei Ausnahmen hiervon sind die Arbeiten von Carr (8) und ein Teil der Studien von Grummon und John (28, auch 37), die von Vargas (85) besprochen werden. Carr und John ließen vor und nach einer Therapie erhobene Daten aus projektiven Tests durch PsychologInnen, die im Wesentlichen Diagnostiker waren, analysieren. Sie fanden in dem Material wenig oder keine Veränderung im Hinblick auf den Grad der Ausgeglichenheit. In einer Serie von zehn Fällen hatten die Beurteilungen von John, wie sie von Vargas besprochen wurden, eindeutig negative Wechselbeziehungen mit Beraterbeurteilungen. Wird jedoch das gleiche Material durch therapeutisch orientierte Forscher „blind" analysiert (beispielsweise durch Dymond), dann konnte ein positiver Wandel festgestellt werden, und die Wechselbeziehung mit den Beraterbeurteilungen ist ebenfalls deutlich positiv.

Vargas erklärt dies so, dass Diagnostiker Ausgeglichenheit als Stabilität sehen, als einen mehr oder weniger fixierten „Grad der Abwehr", der gesellschaftlich akzeptiert ist. Therapeutisch Orientierte hingegen, besonders wenn sie von der personzentrierten Theorie beeinflusst sind, begreifen psychologische Ausgeglichenheit als Offenheit für Erfahrung, als eine eher fließende Ausdrucksfähigkeit und Ausgeglichenheit. Was Diagnostiker also als Verlust der Kontrolle oder gar Zerrüttung ansehen, könnte von der therapeutisch orientierten Person als Fortschritt zu verringertem Abwehrverhalten und größerer Offenheit für Erfahrung verstanden werden. Das gesamte Ausmaß und die Tiefe dieses Widerspruchs kann erst im Lichte weiterer Forschung bewertet werden.

Die wesentliche Quelle widersprüchlicher Untersuchungsergebnisse scheint nicht die Forschung, sondern ein klinischer Standpunkt zu sein. Nach und nach hat die psychoanalytisch orientierte Freud'sche Gruppe aus einer reichen klinischen Erfahrung einen Standpunkt entwickelt, der unseren Hypothesen, die sich auf die Kapazitäten und Tendenzen des menschlichen Organismus (Dl, 2, 3) beziehen, diametral entgegensteht. Er ist auch mit der Theorie des idealen, gesunden Individuums (vgl. III) unvereinbar. Das Freud'sche Team geht von seiner Erfahrung aus, dass das Individuum als „von Natur aus zerstörerisch" anzusehen ist (um Karl Menningers Worte zu benutzen) und somit der Kontrolle bedarf. Für Mitglieder dieses Teams ist das hypothetische Individuum, wie es oben unter „Eine Theorie der voll entwickelten Persönlichkeit" entworfen wurde, eine psychopatische Persönlichkeit; sie sehen nicht, wie diese kontrolliert sein könnte. Die Hypothese, dass Selbstkontrolle für eine Person ohne Abwehr natürlich ist, scheint für sie unhaltbar.

In ähnlicher Weise widerspricht die von Gordon und anderen formulierte Theorie des Gruppenverhaltens und der Gruppenleitung der Freud'schen Theorie diametral. Freuds Aussagen, dass „Gruppen niemals nach Wahrheit streben" und dass „eine Gruppe einer gehorsamen Herde ähnelt, die niemals ohne einen Führer leben könnte", lässt etwas von der tiefen Kluft ahnen, die zwischen den beiden Standpunkten liegt.

Obwohl die psychoanalytische Theorie in diesen beiden Aspekten nicht durch wissenschaftliche Untersuchungen bestätigt ist, verdient sie, ernst genommen zu werden, da sie ursprünglich auf der Basis klinischer Erfahrung entstand. Die Diskrepanz erscheint noch verwirrender und schwieriger, wenn man bedenkt, dass sowohl das Freud'sche als auch das personzentrierte Team ihre Theorien aus der tiefen persönlichen Beziehung der Psychotherapie entwickelt haben.

Meines Erachtens können die Unterschiede verstanden werden, ohne dass sie die personzentrierte Psychotherapie in Frage stellen. Aber dies ist nicht der Ort für diese Diskussion. Hier ist es mir wichtig, diese unvereinbaren Haltungen als solche darzustellen, als zwei theoretische Standpunkte, die einander in einigen Grundsätzen klar widersprechen. Diesen Unterschied vermögen nur neue theoretische Ergänzungen und weiterführende wissenschaftliche Untersuchungen zu klären.

Ein fortlaufendes Programm für Theorie und Forschung: Das theoretische System und das Forschungsprogramm, die mit dem Personzentrierten Ansatz verbunden sind, sind aus sich selbst heraus entstanden. Dieser Punkt kann nicht oft genug betont werden. Der Gedanke, dass wir im Begriff wären, ein theoretisches System zu schaffen, hätte für mich noch vor zwölf Jahren einen schlechten Beigeschmack gehabt. Ich war ein praktischer Kliniker und war offen (*horribile dictu!*) für jede psychologische Theorie, wie es meine frühen Studenten an der Ohio State University bezeugen können. Dies galt selbst noch zu der Zeit, als ich eine im therapeutischen Prozess existierende Ordnung zu entdecken begann. Ich halte an dem Gedanken fest, dass das theoretische System und das weitreichende Forschungsnetz auf organische Art und Weise entstanden sind. Jeder kleine, mühevolle Schritt war lediglich in dem Verlangen begründet, dies oder jenes herauszufinden; er entsprang dem Bedürfnis, alle Übereinstimmungen, Abweichungen oder Ordnungen zu verstehen, die in den uns zur Verfügung stehenden Materialien existierten.

Wenn ich für diese Abhandlung gefragt werde, „inwieweit das systematische Programm realisiert werden konnte", habe ich den Eindruck, dass es sich im Hinblick auf dieses theoretische System um eine falsche Fragestellung handelt. Ich weiß nicht, wie die endgültige Realisierung des sich in Entwicklung befindlichen Programms aussehen wird. Ich kann mir einige der folgenden Schritte oder wesentlichen Richtungen vorstellen, aber Sicherheit gibt es darüber nicht. Wir haben uns weiterhin in Richtungen bewegt, die wir als lohnenswert *erfahren* haben und nicht notwendigerweise in Richtungen, die einer Logik entsprangen. Ich glaube, dass dies die Stärke des Programms ist.

Ich nehme an, dass wir in den folgenden Richtungen Fortschritte machen werden: Auf dem Gebiet der Wahrnehmung werden weitere Schritte hin zu Theoriebildung und Forschung folgen, die diesen Bereich um Einsichten aus Therapien bereichern werden. Diese wiederum werden durch umfassende Daten und Ergebnisse bereichert, die im Zuge der Verbesserung der von uns entwickelten Theorien erzielt werden. Eine solche Studie wird zurzeit entwickelt. Sie versucht, die Wahrnehmungsveränderungen während des Therapieprozesses zu untersuchen. Die Messungen reichen von rein sozialen Wahrnehmungen, also beispielsweise von Menschen, von Beziehungen usw., bis zu rein physiologischen Wahrnehmungen von Form, Farbe und Linie. Verändert Therapie nur die soziale Wahrnehmung oder verändert sie selbst die grundlegendsten Wahrnehmungsprozesse? Wenn nicht, wo kommt dann auf diesem Kontinuum der Veränderungsprozess zum Stillstand?

Die gleiche Art der beidseitigen *Annäherung* stelle ich mir in der Lerntheorie vor, der wir meines Erachtens im Hinblick auf neue Entwicklungen viel zu bieten haben, ebenso wie wir das dort zur Verfügung stehende Material benutzen können. Es ist weiterhin möglich, dass eine Reihe der von uns formulierten Theorien im Labor überprüft werden, sowohl an Menschen als auch an Tieren. So entsteht eine Verbindung zwischen den Bereichen Persönlichkeit und Therapie mit der sog. experimentellen Psychologie. Es gibt beispielsweise keinen Einwand gegen die Untersuchung der Entstehung von Bewertungsbedingungen und ihrer Konsequenzen, wie wir sie theoretisch vorgelegt haben, an höheren Tieren. Es könnten so Probleme größerer Bandbreite experimentell untersucht und angemessener kontrolliert werden, die der Untersuchung an Menschen nicht zugänglich sind.

Es ist durchaus möglich, dass eine engere Beziehung zwischen unserer Theorie und dem neuen Interesse an Kreativität in den Human- und Sozialwissenschaften besteht, und ich glaube, dass diese Theorie eine Reihe relevanter Forschungshypothesen liefern kann. Es ist sehr wahrscheinlich, dass die Implikationen dieses Theoriegerüstes für industrielle Produktion weiter entwickelt werden – die Anfänge, wie sie von Richard in Gordons Buch (23) beschrieben werden, sind sehr vielversprechend. Die nahe Zukunft wird möglicherweise eine deutliche Verbindung zu den psychiatrischen Störungen und eine Überprüfung der Theorie an einer breiteren Palette menschlicher Störungen sehen. Die professionelle Engstirnigkeit der Mediziner, die bislang dieses Forschungsgebiet weitgehend ignorierten, wird dadurch vermindert werden.

Eine Richtung, die mir zunächst nur theoretisch möglich erscheint, ist die Nutzung dieser Theorie für Regierungszwecke und internationale Beziehungen. Dies wird jedoch in der nahen Zukunft nicht zu erreichen sein.

Ich denke, dass die Entdeckung und Entwicklung einer kontextuellen Basis dieser Theorie innerhalb der Existentialphilosophie vorangetrieben wird. Die allgemeine Ausrichtung der philosophischen Phänomenologie wird in dieser Hinsicht wahrscheinlich weiterhin ihren Einfluss ausüben.

Dies sind einige Möglichkeiten für eine zukünftige Entwicklung, die ich gegenwärtig sehe. Es liegt jedoch nicht in meinen Möglichkeiten vorherzusagen, in welchem Ausmaß diese organisch wachsen werden.

Derzeitige Entwicklungsstrategien: Kehren wir zum Schluss zu den gegenwärtigen Themen zurück, denen wir uns in der systematischen Entwicklung unserer Theorie gegenübersehen. Ich sehe dort einige Probleme, die Vorrangigkeit haben, wenn unser allgemeines systematisches Denken eine gesunde Entwicklung nehmen soll. Ich werde diese Probleme und Aufgaben auflisten. Da ich derzeit keine Prioritäten setzen kann, hat die Reihenfolge keine Bedeutung.

1. Wir benötigen dringend neue und sinnvollere Messinstrumente. Stephensons Q-Technik (81) war sehr hilfreich und Osgoods Methode zur Quantifizierung des semantischen Raumes (51) scheint ebenfalls vielversprechend. Aber am dringendsten benötigen wir eine Methode, mit der wir dem Konstrukt *Erfahrung* eine operationale Definition in unserer Theorie geben können, so dass Diskrepanzen zwischen Selbstkonzept und Erfahrung, zwischen Gewahrsein und Erfahrung usw. gemessen werden können. Dies würde die Überprüfung der bedeutendsten Hypothese des theoretischen Systems erlauben. Natürlich sind einige Versuche unternommen worden, um eine operationale Definition zu erreichen. Das Instrumentarium ist jedoch zugegebenermaßen höchst ungenügend.

2. Umfassendere Erfahrungen mit Individuen, die als Psychotiker klassifiziert werden, die Überprüfung einer Vielzahl von Hypothesen in der therapeutischen Arbeit mit diesen Menschen und Forschungsarbeiten mit Psychotikern würden unser System in einem gegenwärtig unzulänglich bearbeiteten Gebiet bereichern und abrunden. Dies würde eine extreme Überprüfungssituation schaffen, wie sie für die Bestäti-

gung, Modifizierung oder Falsifizierung eines theoretischen Systems am hilfreichsten ist. Für eine solche Entwicklung scheint es nur praktische Hindernisse zu geben.
3. Wir brauchen mehr Erfahrung und sorgfältige Untersuchung von Hypothesen über den Bereich der Gruppenbeziehungen. Hypothesen über Leitereigenschaften, die Erleichterung des Lernens und die Minderung sozialer Konflikte scheinen für Untersuchungen besonders fruchtbar. Hier wäre wiederum die Theorieüberprüfung an Extremen für die Bestätigung oder Überarbeitungsbedürftigkeit des theoretischen Kerns am hilfreichsten.
4. Eine weitere dringende Notwendigkeit, die den Lesern dieser Darstellung zweifelsohne deutlich geworden ist, ist die Übersetzung der gegenwärtigen Begriffe in theoretische Begriffe, die den rigorosen Erfordernissen einer Wissenschaftslogik gerecht werden. Obwohl auch in dieser Richtung Fortschritte erzielt wurden, haben wir noch einen sehr langen Weg vor uns. Eine solche Entwicklung, vorangetrieben von einer kompetenten Persönlichkeit, wird die deduktiven Hypothesen, die aus dem System abgeleitet werden können, deutlich akzentuieren und das System so grundlegenderen Überprüfungen zuführen.
5. Die letzte Notwendigkeit, die ich erwähnen möchte, wird einigen Lesern zu dem eben Gesagten widersprüchlich erscheinen. Persönlich sehe ich sie eher als einen möglichen evolutionären Schritt. Meines Erachtens besteht ein großer Mangel an kreativem Denken und Theoretisieren bezüglich der Methoden der Sozialwissenschaft. In unserem Team besteht der Eindruck, dass der logische Positivismus, die Philosophie, in der wir von Berufs wegen aufgewachsen sind, nicht notwendigerweise der Weisheit letzter Schluss darstellt. Vor allem nicht in einem Bereich, in dem das Phänomen der Subjektivität solch eine wichtige und zentrale Rolle spielt. Haben wir in diesem Bereich eine optimale Methode zur Wahrheitsfindung entwickelt? Gibt es eine Sicht, möglicherweise aus der existentialistischen Orientierung stammend, die die Werte des logischen Positivismus und die von ihm geförderten wissenschaftlichen Fortschritte bewahrt, die aber dennoch breiteren Raum lässt für die existierende subjektive Person, die in unserem Wissenschaftssystem das Kernstück bildet? Dies ist ein Traum, eine Spekulation über ein unfassbares Ziel, aber ich glaube, dass viele von uns denjenigen, die zu diesem Problemkreis vorläufige Antworten entwickeln, gern Gehör schenken.

Schluss

Ich bin über die Länge und den Umfang des vorgelegten Materials selbst erschrocken. Ich nehme an, dass die Leser dieses Gefühl mit mir teilen. Zu meiner Entschuldigung kann ich nur sagen, dass mir die Komplexität und Verzweigtheit unseres theoretischen Denkens erst beim Schreiben voll bewusst wurde. Falls den Lesern viele der am Rande liegenden Strukturen dürftig und nicht der Mühe wert erscheinen, so hoffe ich doch, dass sie das zentrale Fundament, die Theorie der Therapie als solide erachten werden. Falls diese Arbeit andere zu weiteren Forschungstätigkeiten, die die Verifizierung bzw. die Falsifizierung dieser Hypothesen beinhalten oder zur Formulierung einer besseren, rigoroseren und integrierteren Theorie anregen sollte, wird dies von unserem Team, das sich geschlossen für die vorangegangenen Theorien verantwortlich erklärt, begrüßt werden.

Literatur

1. Anderson, R. An investigation of the relationship between verbal and physiological behaviour during client-centered therapy. Unpublished doctoral dissertation, Univer. of Chicago, 1954.
2. Angyal, A. *Foundations for a science of personality.* New York: Commonwealth Fund, 1941.
3. Asch, M. J. Nondirective teaching in psychology: an experimental study. *Psychol. Monogr.*, 1951, 65, No. 4.
4. Assum, A. L., & Levy, S. J. Analysis of a non-directive case with followup interview. *J. abnorm, soc. Psychol*, 1948, 43, 78–89.
5. Axline, Virginia M. Play therapy and race conflict in young children. *J. abnorm. soc. Psychol*, 1948, 43, 300–310.
6. Butler J. M. Rank pattern analysis of counseling protocols. Unpublished manuscript (mimeo). Univer. Chicago Counseling Center, 1954.
7. Butler, J. M., & Haigh, G. V. *Changes in the relation between selfconcepts and ideal concepts consequent upon client-centered counseling.* In [70, chap. 4].
8. Carr, A. C. Evaluation of nine psychotherapy cases by the Rorschach. *J. consult. Psychol*, 1949, 13 (3), 196–205.
9. Cartwright, D. Self-consistency as a factor in affecting immediate recall. Unpublished manuscript (mimeo). Univer. Chicago Counseling Center, 1955.
10. Chodorkoff, B. Self-perception, perceptual defense, and adjustment. *J. abnorm. soc. Psychol*, 1954, 49 (4), 508–512.
11. Coch, L., & French, J. R. P., Jr. Overcoming resistance to change *Human Relat.* 1948, 1, 512–532.
12. Cofer, C. N., & Chance, J. The discomfort-relief quotient in published cases of counseling and psychotherapy. *J. Psychol*, 1950, 29, 219–224.
13. Cowen, E. L., & Combs, A. W. Followup study of 32 cases treated by nondirective psychotherapy. *J. abnorm, soc. Psychol*, 1950, 45, 232–258.
14. Diller, L. Conscious and unconscious self-attitudes after success and failure. *J. Pers.*, 1954, 23, 1–12.
15. Dymond, Rosalind, F. Adjustment changes over therapy from selfsorts. In [70, chap. 5].
16. Dymond, Rosalind F. Adjustment changes over therapy from Thematic Apperception Test ratings. In [70, chap. 8].
17. Faw, V. A psychotherapeutic method of teaching psychology. *Amer. Psychologist*, 1949, 4, 104–109.
18. Faw, V. Evaluation of student-centered teaching. Unpublished manuscript, 1954.
19. Fiedler, F. E. A comparative investigation of early therapeutic relationships created by experts and non-experts of the psychoanalytic, nondirective and Adlerian schools. Unpublished doctoral dissertation, Univer. of Chicago, 1949.
20. Fiedler, F. E. A comparison of therapeutic relationships in psychoanalytic, non-directive and Adlerian therapy. *J. consult. Psychol*, 1950, 14, 436–445.
21. Gallagher, J. J. The problem of escaping clients in non-directive counseling. In W. U. Snyder (Ed.), Group report of a program of research in psychotherapy. Psychotherapy Research Group, Pennsylvania State Univer., 1953. Pp. 21–38.
22. Goldiamond, I. On the asynchrony between responses in a perceptual experiment. Unpublished doctoral dissertation, Univer. of Chicago, 1954.
23. Gordon, T. *Group-centered leadership.* Boston: Houghtort Mifflin, 1955.
24. Gordon, T. *Group-centered leadership and administration.* In C. R. Rogers,

Client-centered therapy. Boston: Houghton Mifflin, 1951. Chap. 8.
25. Gordon, T., & Cartwright, D. *The effects of psychotherapy upon certain attitudes toward others.* In [70, chap. 11].
26. Gross, L. An experimental study of the validity of the non-directive method of teaching. *J. Psychol.,* 1948, 26, 243–248.
27. Grummon, D. L. The use of language categories as a method for study of Personality in psychotherapy. Unpublished doctoral dissertation, Univer. of Chicago, 1951.
28. Grummon, D. L., & John, Eve S. *Changes over client-centered therapy evaluated on psychoanalytically based Thematic Apperception Test scales.* In [70, chap. 11].
29. Haigh, G. V. Defensive behavior in client-centered therapy. *J. consult. Psychol.,* 1949, 13 (3), 181–189.
30. Haimowitz, Natalie Reader, & Morris, L. Personality changes in client centered therapy. In W. Wolff (Ed.), *Success in psychotherapy.* New York: Grüne & Stratton, 1952. Chap. 3.
31. Haimowitz, Natalie Reader. An investigation into some personality changes occurring in individuals undergoing client-centered therapy. Unpublished doctoral dissertation, Univer. of Chicago, 1948.
32. Hanion, T. E. Hofstactter, P. R., & O'Connor. J. P. *Congruence of self and ideal self in relation to personality adjustment. J. consult. Psychol.,* 1954, 18 (3), 215–218.
33. Hartley, Margaret. Changes in the self-concept during psychotherapy. Unpublished doctoral dissertation. Univer. of Chicago. 1951.
34. Hilgard, E. R. Human motives and the concept of the self. *Amer. Psychologist,* 1949, 4, 374–382.
35. Hoffmann, A. E. A study of reported behavior changes in counseling. *J. consult. Psychol.,* 1949, 13, 190–195.
36. Hogan, R. The development of a measure of client defensiveness in the counseling relationship. Unpublished doctoral dissertation. Univer. of Chicago, 1948.
37. John, Eve S. Mental health and the principle of least effort. Unpublished doctoral dissertation, Univer. of Chicago, 1953.
38. Jonietz, Alice. A study of phenomenological changes in perception after psychotherapy as exhibited in the content of Rorschach percepts. Unpublished doctoral dissertation, Univer. of Chicago, 1950.
39. Kauffman, P. E., & Raimy, V. C. Two methods of assessing therapeutic progress. *J. abnorm, soc. Psychol,* 1949, 44, 379–385.
40. Kelley, E. C. *Education in communication.* ETC, Summer, 1955, 12, 248–256.
41. Kessler, Carol. Semantics and non-directive counseling. Unpublished master's thesis, Univer. of Chicago, 1947.
42. Kirtner, W. L. Success and failure in client-centered therapy as a function of personality variables. Unpublished master's thesis, Univer. of Chicago, 1955.
43. Lecky, P. *Self-consistency: a theory of personality.* New York: Island Press, 1945.
44. Lipkin, S. Client's feelings and attitudes in relation to the outcome of client-centered therapy. *Psychol. Monogr.,* 1954, 68, No. 1 (Whole No. 372).
45. Maslow, A. H. *Motivation and personality.* New York: Harper, 1954.
46. McCleary, R. A., & Lazarus, R. S. Autonomic discrimination without awareness. *J. Pers.,* 1949, 18, 171–179.
47. Mitchell, F. H. A test of certain semantic hypotheses by application to client-centered counseling cases: intensionality-extensionality of clients in therapy. Unpublished doctoral dissertation, Univer. of Chicago, 1951.
48. Mosak, H. Evaluation in psychotherapy: a study of some current measures. Unpublished doctoral dissertation, Univer. of Chicago, 1950.
49. Muench, G. A. An evaluation of non-directive psychotherapy by means of the Rorschach and other tests. *Appl. Psychol. Monogr.,* 1947, No. 13, 1–163.

50. Nunnally, J.C. An investigation of some propositions of self-conception: the case of Miss Sun. *J. abnorm, soc. Psychol.,* 1955. 50, 87–92.
51. Osgood, C. E. The nature and measurement of meaning. *Psychol. Bull.,* 1954, 49, 197–237.
52. Quinn, R.D. Psychotherapists' expressions as an index to the quality of early therapeutic relationships established by representatives of the nondirective, Adlerian, and psychoanalytic schools. Unpublished doctoral dissertation, Univer. of Chicago, 1950.
53. Radke, Marfan, & Klisurich, Dayna. Experiments in changing food habits. *J. Amer. dietetic Ass.,* 23, 403–409.
54. Raimy, V. C. The self-concept as a factor in counseling and personality Organization. Unpublished doctoral dissertation. Ohio State Univer., 1943.
55. Raimy, V.C. Self reference in counseling interviews. *J. consult. Psychol,* 1948, 12, 153–163.
56. Raskin, N.J. An objective study of the locus of evaluation factor in psychotherapy. Unpublished doctoral dissertation, Univer. of Chicago, 1949.
57. Roethlisberger, F.J., & Dickson, W.J. *Management and the worker.* Cambridge, Mass.: Harvard Univer. Press, 1939.
58. Rogers, C. R. *Clinical treatment of the problem child.* Boston: Houghton Mifflin, 1939.
59. Rogers, C. R. *Counseling and psychotherapy.* Boston: Houghton Mifflin, 1942.
60. Rogers, C. R. *Some observations on the Organization of personality.* Amer. Psychologist, 1947, 2, 358–368.
61. Rogers, C. R. *Dealing with social tensions.* New York: Hinds. Hayden and Eldredge, 1948. 30 pp.
62. Rogers, C. R. *Client-centered therapy.* Boston: Houghton Mifflin, 1951.
63. Rogers, C. R. *Communication: its blocking and its facilitation,* ETC, Winter, 1952, 9, 83–88.
64. Rogers, C. R. A concept of the fully functioning person. Unpublished manuscript (mimeo). Univer. Chicago Counseling Center, 1953.
65. Rogers, C.R. *The implications of client-centered therapy for family life.* Paper given to Chicago chapter of Int. Soc. Gen. Semantics, April, 1953.
66. Rogers, C.R. Persons or science: a philosophical question. *Am. Psychologist,* 1955, 10, 267–278; also published in Cross Currents, Summer, 1953, 3, 289–306.
67. Rogers, C. R. *The case of Mrs. Oak: a research analysis.* In [70, chap. 15].
68. Rogers, C. R. *Changes in the maturity of behavoir as related to therapy.* In [70, chap. 13].
69. Rogers, C. R. *This is me; the development of my professional thinking and my personal philosophy.* Paper given at Brandeis Univer., Nov., 1955.
70. Rogers, C. R., & Dymond, R. F. (Eds.) *Psychotherapy and personality change.* Chicago: Univer. Chicago Press, 1954.
71. Rogers, Natalie. Changes in self-concept in the case of Mrs. Ett. *Personal Counselor,* 1947, 2, 278–291.
72. Rogers, Natalie. Measuring psychological tension in non-directive counseling. *Personal Conselor.* 1948, 3, 237–264.
73. Rudikoff, Esselyn C. *A comparative study of the changes in the concept of the self, the ordinary person, and the ideal in eight cases.* In [70, chap. 11].
74. Schwebel, M., & Asch, M. J. Research possibilities in non-directive teaching. *J. educ. Psychol.,* 1948, 39, 359–369.
75. Seeman, J. *Counselor judgments of therapeutic process and outcome.* In [70, chap. 11].
76. Seeman, J. A study of the process of non-directive therapy. *J. consult. Psychol.,* 1949, 13, 157–168.
77. Seeman, J., & Raskin, N. J. Research perspectives in client-centered therapy. In O. H. Mowrer (Ed.), *Psychotherapy: theory and research.* New York: Ronald, 1953.
78. Sheerer, Elizabeth T. The relationship between acceptance of self and acceptance of others. *J. consult. Psychol,* 1949, 13 (3), 169–175.

79. Snyder, W. U. An investigation of the nature of non-directive psychotherapy. *J. genet. Psychol,* 1945, 33, 193–223.
80. Standal, S. The need for positive regard: a contribution to client-centered theory. Unpublished doctoral dissertation, Univer. of Chicago, 1954.
81. Stephenson, W. *The study of behavior: Q-technique and its methodology.* Chicago: Univer. of Chicago Press, 1953.
82. Stock, Dorothy. The self concept and feelings toward others. *J. consult. Psychol,* 1949, 13 (3), 176–180.
83. Strom, K. A re-study of William U. Snyder's „An investigation of the nature of non-directive psychotherapy". Unpublished master's thesis, Univer. of Chicago, 1948.
84. Thetford, W. N. An objective measure of frustration tolerance in evaluating psychotherapy. In W. Wolff (Ed.), *Success in psychotherapy.* New York: Grüne & Stratton, 1952. Chap. 2.
85. Vargas, M. *Changes in self-awareness during client-centered therapy:* In [70, chap. 10].
86. Zimmerman, J. Modification of the discomfort-relief quotient as a measure of progress in counseling. Unpublished master's thesis, Univer. of Chicago, 1950.

Inghard Langer / Stefan Langer
Jugendliche begleiten und beraten

(Personzentrierte Beratung & Therapie; 1)
2005. 155 Seiten. 9 Abb. 4 Tab.
(978-3-497-01760-7) kt

Nicht mehr Kind und noch nicht erwachsen – viele Erfahrungen und Konflikte können in der schwierigen Phase der Pubertät ernsthafte Krisen auslösen. Depression, Risikoverhalten, Gewalt können entstehen, wenn Jugendliche die entwicklungsbedingten Lebensaufgaben nicht mehr angemessen bewältigen.
Der Personzentrierte Ansatz weist den Weg, wie man Jugendliche in Krisensituationen verständnisvoll und einfühlsam berät und begleitet.

ɛ℣ reinhardt
www.reinhardt-verlag.de

Silke Birgitta Gahleitner
Neue Bindungen wagen

Beziehungsorientierte Therapie bei sexueller Traumatisierung
(Personzentrierte Beratung & Therapie; 2)
2005. 147 Seiten. (978-3-497-01763-8) kt

Der Schlüssel zum Erfolg in einer Psychotherapie ist häufig die therapeutische Beziehung. Umso mehr, wenn Erwachsene an einem schlimmen Vertrauensmissbrauch in der Kindheit leiden: an den Folgen einer sexuellen Traumatisierung. Die Autorin verknüpft Erkenntnisse der Bindungsforschung mit dem Personzentrierten Ansatz und zeigt:
- wie frühe Traumata Betroffene in ihrer Entwicklung beeinflussen und spätere Beziehungserfahrungen prägen,
- wie man in der therapeutischen Beziehung Vertrauen wieder herstellen kann,
- wie Betroffene die vertrauensvolle therapeutische Beziehung erleben und dadurch Mut fassen, sich auf Menschen neu einzulassen.

ℰ⩘ reinhardt
www.reinhardt-verlag.de

Jeannette Bischkopf
Angehörigenberatung bei Depression

(Personzentrierte Beratung & Therapie; 3)
2005. 111 Seiten. (978-3-497-01759-1) kt

Leidet ein Partner unter schwerer Depression, muss der andere eine Vielzahl von Aufgaben stellvertretend übernehmen: Betreuung der Kinder, Hausarbeit, für den Unterhalt sorgen, Kontakte nach außen pflegen – und vor allem verständnisvoll den kranken Partner unterstützen. Eine Belastungsprobe für die ganze Familie?
Hier kann personzentrierte Angehörigenberatung helfen. Ausgehend von den Erfahrungen der Angehörigen wird gezeigt,

- wie man Angehörige über die Krankheit informiert,
- wie man Zweifel, Sorgen, Wut und Erschöpfung aufspürt,
- wie man mit Krisensituationen umgeht.

ℜ/ reinhardt
www.reinhardt-verlag.de

Cornelia Seewald
Sozial nachhaltiges Changemanagement

Mit dem Personzentrierten Ansatz zum Erfolg
(Personzentrierte Beratung & Therapie; 4)
2006. 189 Seiten. 16 Abb. 12 Tab. (978-3-497-01791-1) kt

Globalisiert, gemergt, outgesourct – wie verkraften Unternehmen und andere Organisationen den ständigen Wandel? Sie müssen sich den Veränderungen anpassen – das ist die Aufgabe des Changemanagements. Der Personzentrierte Ansatz sorgt dafür, dass die Bedürfnisse der Menschen dabei nicht zu kurz kommen.

Das Buch vermittelt Strategien für konsens- und ergebnisorientierte Führung und Beratung, die die Kompetenzen aller Beteiligten nutzen und sie in die Suche nach Lösungen einbinden.

ℇⱽ reinhardt
www.reinhardt-verlag.de

André Jacob / Karl Wahlen
Das Multiaxiale Diagnosesystem Jugendhilfe (MAD-J)

(Personzentrierte Beratung & Therapie; 5)
2006. 248 Seiten. 33 Abb. 25 Tab. Mit CD-ROM
(978-3-497-01874-1) kt

Familien können in schwierigen Lebenssituationen „Hilfen zur Erziehung" in Anspruch nehmen. Aber welche Hilfe ist für wen geeignet? Wie lässt sich das Erziehungsverhalten in Familien erfassen? Wie findet man die angemessene Intervention?
Die Autoren haben ein praxisnahes Klassifikationssystem elterlicher Erziehung für die Kinder- und Jugendhilfe entwickelt. Es berücksichtigt Eigenschaften des Kindes, den Erziehungsstil der Eltern und die psychosoziale Familiensituation. Differenzierte Checklisten helfen bei der Indikationsstellung und führen zu einer effizienten Hilfeplanung. Das Diagnosemanual mit Formularen und Checklisten auf CD-ROM lässt sich schnell und leicht im Praxisalltag einsetzen.

ℰ𝒱 reinhardt
www.reinhardt-verlag.de

Michael Lux
Der Personzentrierte Ansatz und die Neurowissenschaften

(Personzentrierte Beratung & Therapie; 6)
2007. 177 Seiten. (978-3-497-01902-1) kt

Lässt sich die Wirksamkeit von Rogers' Personzentriertem Ansatz mit Hilfe der Neurowissenschaften erklären? Tatsache ist: Es gibt Parallelen zwischen Rogers' Thesen und neurowissenschaftlichen Erkenntnissen.
Dieses Buch führt in den Personzentrierten Ansatz ein und verknüpft diesen mit neurowissenschaftlichen Konzepten. Der Leser erhält einen aktuellen und verständlichen Überblick über verschiedene Themenbereiche der Neurowissenschaften. Anschaulich wird deren Relevanz für das Verständnis einzelner Konzepte der personzentrierten Psychotherapie aufgezeigt. Klinische Beispiele demonstrieren die Tragfähigkeit und Innovationskraft der „Übersetzung" des Personzentrierten Ansatzes in neurowissenschaftliche Begriffe.

ℰⱽ reinhardt
www.reinhardt-verlag.de

Peter Elfner
Personzentrierte Beratung und Therapie in der Gerontopsychiatrie

Mit einem Geleitwort von Marlies Pörtner
(Personzentrierte Beratung & Therapie; 7)
2008. 126 Seiten. (978-3-497-01981-6) kt

Alte Menschen verfügen über ein nicht zu unterschätzendes Entwicklungspotential. Der Personzentrierte Ansatz von Carl R. Rogers stellt ihnen ein wachstumsförderndes Beziehungsangebot zur Verfügung, um dieses Potential selbstbestimmt zu entfalten. Der Autor informiert über Herausforderungen des Alterns, psychische Altersstörungen und bestehende Versorgungsstrukturen. Zahlreiche Fallbeispiele veranschaulichen die vielfältigen Anwendungsmöglichkeiten des Personzentrierten Ansatzes in der Gerontopsychiatrie u. a. bei Depression, Demenz und Anpassungsstörungen. Ein leicht lesbares, einfühlsam geschriebenes Buch für alle, die mit der Pflege oder Therapie psychisch kranker alter Menschen betraut sind.

ℛ reinhardt
www.reinhardt-verlag.de

John Bowlby
Bindung als sichere Basis

Grundlagen und Anwendung der Bindungstheorie
Aus dem Englischen von Axel Hillig und Helene Hanf
Mit Geleitworten von Burkhard und Oslind Stahl und Jeremy Holmes
2008. 163 Seiten. (Originaltitel: A secure base)
(978-3-497-01931-1) kt

John Bowlby schildert Anfänge, Grundkonzepte und empirische Prüfung der Bindungstheorie. Er zeigt, wie sich seine Erkenntnisse in der Psychotherapie anwenden lassen: Die Aufarbeitung früher Bindungserfahrungen im Erwachsenenalter hilft bei der Bewältigung schwieriger Lebenssituationen und psychischer Probleme. Der Psychotherapeut übernimmt dann die Rolle der verlässlichen Basis für die Erkundung früherer Erfahrungen und Gefühle. Eltern erkennen, wie ihre eigene Bindungsgeschichte ihr Erziehungsverhalten gegenüber ihren Kindern prägt – damit leidvolle Bindungsbeziehungen nicht über Generationen weitergegeben werden.

ℰℛ reinhardt
www.reinhardt-verlag.de